民國文存

82

近代中國經濟史

錢亦石 編著

知識產權出版社

本書根據錢亦石教授《近代中國經濟史》課程講義所編，對近代中國經濟發展全局鳥瞰，論述近代中國企業發展和國民經濟概況，將帝國主義在中國的經濟勢力和對中國經濟的影響，分析得深刻透徹，內容貫通，讀來暢快，作為研究近代中國經濟史的奠基性著作，對中國史學具有重要意義。

責任編輯：鄧　瑩　　　　**責任校對：董志英**

文字編輯：鄧　瑩　　　　**責任出版：劉譯文**

圖書在版編目（CIP）數據

近代中國經濟史/錢亦石編著 .—北京：知識產權出版社，2015. 11
（民國文存）
ISBN 978-7-5130-3764-8

Ⅰ.①近…　Ⅱ.①錢…　Ⅲ.①中國經濟史—近代　Ⅳ.①F129. 5

中國版本圖書館 CIP 數據核字（2015）第 216796 號

近代中國經濟史
JinDai ZhongGuo JingJiShi

錢亦石　編著

出版發行：知識產權出版社 有限責任公司

社　　址：北京市海淀區馬甸南村 1 號　　　　郵　　編：100088

網　　址：http://www.ipph.cn　　　　　　　　郵　　箱：bjb@cnipr.com

發行電話：010-82000860 轉 8101/8102　　　傳　　真：010-82005070/82000893

責編電話：010-82000860 轉 8346　　　　　　責編郵箱：dengying@cnipr.com

印　　刷：保定市中畫美凱印刷有限公司　　　經　　銷：新華書店及相關銷售網站

開　　本：720mm×960mm　1/16　　　　　　印　　張：13

版　　次：2015 年 11 月第一版　　　　　　　印　　次：2015 年 11 月第一次印刷

字　　數：160 千字　　　　　　　　　　　　定　　價：48.00 元

ISBN 978-7-5130-3764-8

民國文存

（第一輯）

出版前言

民國時期，社會動亂不息，內憂外患交加，但中國的學術界卻大放異彩，文人學者輩出，名著佳作迭現。在炮火連天的歲月，深受中國傳統文化浸潤的知識分子，承當著西方文化的衝擊，內心洋溢著對古今中外文化的熱愛，他們窮其一生，潛心研究，著書立說。歲月的流逝、現實的苦樂、深刻的思考、智慧的光芒均流淌於他們的字裡行間，也呈現於那些細緻翔實的圖表中，在書籍紛呈的今天，再次翻開他們的作品，我們仍能清晰地體悟到當年那些知識分子發自內心的真誠，蘊藏著對國家的憂慮，對知識的熱愛，對真理的追求，對人生幸福的嚮往。這些著作，可謂是中華歷史文化長河中的珍寶。

民國圖書，有不少在新中國成立前就經過了多次再版，備受時人稱道。許多觀點在近一百年後的今天，仍可說是真知灼見。眾作者在經、史、子、集諸方面的建樹成為中國學術研究的重要里程碑。蔡元培、章太炎、陳柱、呂思勉、錢基博等人的學術研究今天仍為學者們津津樂道；魯迅、周作人、沈從文、丁玲、梁遇春、李健吾等人的文學創作以及傅抱石、豐子愷、徐悲鴻、陳從周等人的藝術創想，無一不是首屈一指的大家名作。然而這些凝結著汗水與心血的作品，有的已經罹於戰火，有的僅存數本，成為圖書館裡備受愛護的珍本，或

1

成為古玩市場裡待價而沽的商品，讀者很少有隨手翻閱的機會。

鑑此，為整理保存中華民族文化瑰寶，本社從民國書海裡，精心挑出了一批集學術性與可讀性於一體的作品予以整理出版，以饗讀者。這些書，包括政治、經濟、法律、教育、文學、史學、哲學、藝術、科普、傳記十類，綜之為"民國文存"。每一類，首選大家名作，尤其是對一些自新中國成立以後沒有再版的名家著作投入了大量精力進行整理。在版式方面有所權衡，基本採用化豎為橫、保持繁體的形式，標點符號則用現行規範予以替換，一者考慮了民國繁體文字可以呈現當時的語言文字風貌，二者顧及今人從左至右的閱讀習慣，以方便讀者翻閱，使這些書能真正走入大眾。然而，由於所選書籍品種較多，涉及的學科頗為廣泛，限於編者的力量，不免有所脫誤遺漏及不妥當之處，望讀者予以指正。

序　言

在我們這次對日本帝國主義強盜的抗戰中間，犧牲得最光榮的，要算錢亦石先生。自"八一三"滬濱的鋒火燃起以後，大家都知道戰區宣傳與組織工作的重要，但是一般說這話仍只是從"理論"上出發，而實際行動的還是很少。亦石先生首先放下筆桿，組織戰地服務隊，到張發奎將軍所指揮下的滬杭線去工作。他的這種"從理論到實踐"的精神，當時給上海文化界的影響很大。此後有好多的人，都受他的感動，不怕辛苦，不怕困難，成立或加入宣傳隊、工作隊之類的組織到內地去服務了。在工作中，亦石因勞碌過度，首染瘧疾，一同工作的朋友，都勸他休息，但他仍力疾工作，以致病情加重，由瘧疾而轉成傷寒症。自敵人從金山衛迂迴登陸徼倖成功後，形勢吃緊，他才由前線抱病回到上海租界裏面來，在他剛進法租界後不到一個鐘頭，敵兵就到了他入口的那個地方。一九三七❶年一月底，因醫藥無效，他便離開自己的正在鬥爭中的祖國而逝世了！所以，亦石先生的為民族解放而犧牲的精神實在是值得我們學習的。

亦石先生不僅是個"實踐家"，他對於革命理論，也很有研究。他的國文程度，造詣很深。他的文筆流利，生動有趣。不論怎樣一個題目，在他的筆下，都由淺入深，寫得津津有味。同時，他的觀察，也十分深刻，他對於每個問題，他都分析得很精到。所以，他

---

❶　"一九三七"應為"一九三八"。——編者註

1

的著作，很受廣大青年的歡迎。

亦石先生的著作很多。在他去世以後，朋友們為紀念他起見，計劃把他的譯著，加以整理，出一全集，只因戰時印刷困難，這一計劃，未能順利執行。

本書是亦石先生在上海暨南大學和法政學院任教授時所編的講義，關於帝國主義如何侵略我國，分析得很深刻。在目前抗戰期間，此種讀物，極為需要，爰決定先出單行本，以饗讀者。

張仲實
一九三八年九月一日於漢口

目　錄

第一章　中國經濟發展過程的鳥瞰

第一節　中國經濟發展的途徑

中國歷史之長、蘊藏之富，遠出許多國家之上，似乎有些人以為這是一塊“神秘的國土”；其實，仔細研究起來，內中沒有一點“神秘”。中國的領土是全世界面積的一部分，在這塊領土上所發生的一切，當然也與其他各國所發生者大抵相同。肚皮餓了，要找東西吃；年紀老了，要長眠地下；這是無色人種與有色人種所共有的性質，沒有絲毫例外的。有些“國情”論者不明白這一點，常常把中國看成一個“特別區”，總以為中國問題與世界問題之間有一道“萬里長城”橫阻着，在我看來，這是一種“偏見”。我們必須打破這種“偏見”才可探討中國經濟的發展，才可在探討中國經濟發展之中尋出一條鮮明的途徑。

本來，中國經濟發展的途徑與全人類經濟發展的總途徑是沒有根本差異的。就一般而言，全人類經濟大抵從較低的階段，進到較高的階段，抬級而升，無或踰越。申言之，卽從原始社會的採集經濟與漁獵經濟，漸漸進到氏族社會的生產經濟（畜牧為主，農業也有相當發展），漸漸進到封建社會的農業與手工業經濟，漸漸進到大

1

工業的資本主義經濟，最後則進到否定私有制度的社會主義經濟。這些必經的階段，構成“歷史的梯子”，全人類自先史時代（Pre-Historc❶ Epoch）起，都沿着這“梯子”一步步向上。

到現在，有一部分人類還停留在“梯子”的最低級（採集經濟與漁獵經濟），同時也有一部分人類快達到“梯子”的極巔（社會主義經濟），而大多數人類則走進“梯子”的第四級——資本主義經濟。所以，就整個世界說，目前正是資本主義經濟時代。

中國經濟發展的軌跡，仍逃不出“歷史的梯子”所限定的範圍。我們的祖先，以不斷的長期的努力，早已脫離原始經濟與氏族經濟而進入封建經濟，不料在目前仍停留在從封建經濟向資本主義經濟轉變的過程中。當鐵般的事實之前，應該很慚愧的說，我國經濟與先進的資本主義國家比起來，已經落後了。現在不妨像坐飛機一樣，把中國經濟發展的過程，作一次“鳥瞰”吧！

先從原始時代說起。不幸得很！關於中國原始經濟的紀錄，至今還是一片白紙。地下的史料既有待於“鋤頭考古學”之發掘，而紙上的史料則又因“書缺有間”，不易尋出頭緒，這實屬一件“沒奈何”之事。無已，且引《白虎通》上一段話為證：

> 古之時，未有三綱六紀，人民但知其母，不知其父；能蔽前而不能蔽後；臥之詓詓，行之吁吁，饑則求食，飽即棄餘；茹毛飲血，而衣皮韋……

看呵！“飢則求食，飽即棄餘”，不就是採集經濟的寫眞麼？“茹毛飲血，而衣皮韋”，不就是漁獵經濟的映影麼？翻破線裝書，祇看見這一段比較可靠的史料。雖說不詳不盡，然而仍能證明原始

---

❶ 應爲 “Historic”。——編者註

時代的採集經濟與漁獵經濟是中國經濟史上開宗明義的第一章。

其次，到了氏族時代，生產經濟取採集經濟與漁獵經濟而代之，即是說畜牧經濟已占主要的地位，農業固然不能與畜牧相提並論，但也有蒸蒸日上之勢。關於這一類的經濟史料，在我國舊書上比較多一點。如司馬貞《補三皇本紀》說："太皡庖犧氏，風姓，代燧人氏繼天而王……結網罟以教佃漁……養犧牲以充庖廚………"養犧牲便是馴養牲畜，換言之，即脫離漁獵經濟而進入畜牧經濟。可見庖犧（伏羲）乃我國氏族時代的代表。他所以能夠馴養牲畜，並非有什麼特別制馭牲畜的奇方，而實由於"網罟"的發明，捕獲較多，始有剩餘的犧牲可供馴養耳。《易繫辭》上更有"黃帝堯舜垂衣裳而天下治……服牛乘馬，引重致遠"之文，證明所馴養的牲畜，不僅用以"充庖廚"，而且用以"引重致遠"，漁獵經濟已進一步。又如《尚書》中說到敬授民時的羲和，注意"鳥獸孳尾""鳥獸希革""鳥獸氄毛"；以及堯賜舜以牛羊，歌頌太平則有"百獸率舞""鳳凰來翔類之"，似乎鳥獸這類東西與當時實際生活已融成一片。至於殷墟卜詞上載為代用牛羊作犧牲其數有一次多至三百、四百者，可以推知當時畜牧經濟的發展已到登峯造極的境界了。

關於農業經濟本係氏族經濟之另一支流，其發展比畜牧稍遲一點。司馬貞《補三皇本紀》上也說過："炎帝神農氏……斲木為耜，揉木為耒，耒耜之用，以教萬人，始教耕，故號神農氏。"是神農為我國首創農業之人。舜耕歷山，命后稷播時百穀，則農業已有進步的發展。到禹平水土以後，又開始使用銅器（《越絕書》有禹穴之時以銅為兵之說），更完成了農業發展的條件。所以，《魯頌·閟宮》說："有稷有黍，有稻有秬，奄有下土，纘禹之緒。"《論語·泰伯篇》說："禹卑宮室而盡力乎溝洫。"《論語·憲問》篇說："禹稷躬稼而有天下。"

這些都是有力的證據。商代本是金石並用時期（有石器與青銅器而無鐵器），當時畜牧經濟已登峯造極，在前面已說過。其農業經濟雖不能與畜牧平行，然也不怎樣落後，《孟子·滕文公下》與《周書·泰誓》上，都以犧牲與粢盛相提並論，足見二者發展的程度相差不遠，即以殷墟卜詞而論："從種植一方面來說，於文字上有圃，有囿，有果，有樹，有桑，有栗……""從耕稼一方面來說，則有田，有疇，有禾，有穡，有黍，有粟，有米，有麥……"此外又有許多"卜黍受年"的紀錄，"觀黍""相田"的記錄，農業的發展可以想見了（參攷《中國古代社會研究》二四六——二四七頁）。不過，到了商代末期，氏族制度內部的矛盾（如私有財產與階級分化）一天天深刻化，氏族經濟便必不可免的崩潰了。

在"歷史的梯子"上封建經濟是緊接在氏族經濟之後的。我國封建制度的起源，本有許多爭論：但大多數都承認自西周開始"封建的生產方法是以農業與家庭工業的聯合為前提的（Dubrovsky）。在這裏，先論西周時代的農業與手工業。

誰也知道，周之先世，如后稷，如公劉，如古公亶父，都是以農業起家的，《詩經》上曾經說過：

誕后稷之穡，有相之道，茀厥豐艸，種之黃茂，實方實苞，實種實褎，實發實秀，實堅實好，實穎實栗，即有邰家室。（《生民》）

篤公劉，旣溥旣長，旣景乃岡，相其陰陽，觀其流泉，其軍三單；度其隰原，徹田為糧，度其夕陽，幽居允荒。（《公劉》）

古公亶父，來朝走馬，率西水滸，至于岐下。爰及姜女，聿來胥宇……迺疆迺理，迺宣迺畝，自西徂東，周爰執事。（《緜》）

從這一段徵引中，證明周代農業之盛有長期的歷史為其背景。且周代已開始用鐵，《大雅·公劉》篇有"取厲取鍛"一語，注云，厲、砥、鍜、鐵。說者以公劉為我國第一次用鐵的人。到春秋戰國之時，用鐵做耕器，彷彿成了家常便飯，如《孟子》說："許子以釜甑爨，以鐵耕乎？"即是明證。農業技術到此時已有空前的發展了。

　　說到手工業，自然也有較長的歷史。遠如伏羲之"結網罟"，神農之"斲木""揉木"，固不用說了。夏禹"陸行乘車，水行乘船，泥行乘橇，山行乘樏"，都是手工業產物。商代金石並用，手工技術之進步，可以想見。到了周代，社會分工一天天趨向專業化。固然《攷工記》上所說："凡攻木之工七，攻金之工六，攻皮之工五，設色之工五，刮摩之工五，搏埴之工二。"不見得十分可靠。但《尚書·梓材》篇，則有"若作梓材，既勤朴斲，惟其塗丹雘"。《豳風》七篇中，則有"三之日于耜"，"取彼斧斨以伐遠揚"，"晝爾于茅，宵爾索綯"，"伐柯如何，匪斧不克"等語，都是描寫手工業的。孟子曾講到"工師"（使工師求大木），"玉人"（使玉人彫琢之），甚至說"百工之事固不可耕且為也"。管子也講到"工之子恆為工"。不但有了細密的分工，並且這些分工已成為世業。周代手工業的發展可說百尺竿頭更進一步了。

　　可是，上面所說農業與家庭工業的聯合，祇是封建經濟的形式，尚未涉及封建經濟的本質。封建經濟的本質是什麼呢？一言以蔽之：就是生產工具的佔有者——尤其是土地的佔有者，對於直接生產者——農民，"用超經濟的壓迫去榨取剩餘勞動"。根據這一點去考察，在西周列爵分土之典型的封建制，"有布縷之征。粟米之征，力役之征"以榨取農民的血液，固然屬於封建經濟的範疇；即在商鞅開阡陌以後，換言之，就是宣布土地私有制以後，亦未推翻封建的剝削基礎。所謂"秦田租口賦鹽鐵之利二十倍於古"（《文獻通考·

田賦門》），便是具體的證明。所不同者祇將以前領主所有的土地，改歸新興的地主，在生產上更換另一個封建形式而已。所以，周秦之際雖有一些變革，但封建經濟的本質是未受到什麼影響的。

豈止周秦之際如此，卽就秦漢之際言，亦是如是。董仲舒說過："秦用商鞅之法，……除井田，民得買賣，富者田連阡陌，貧者亡立錐之地。……小民安得不困？……或耕豪民之田，見稅十五。故貧民常衣牛馬之衣，而食犬彘之食……漢興，循而未改。"（《漢書·食貨志》）把"循而未改"四字，翻成通俗話，卽是說漢代只奪取秦的政治機關，未動搖秦的經濟結構。漢代以後，歷史的車輪似乎在循環路上運轉，釀成一治一亂之局。而傳統的社會經濟，殆沒有根本的改變。借《資本論》上的話來說，就是"社會經濟原素的結構，未被政治的風暴所動搖"。這也許是"亞洲社會停滯性的秘密"吧！由兩漢而六朝，而隋唐，而五代，而宋、元、明、清，本變了不少改朝易姓的把戲，但土地的佔有者，用超經濟的壓迫去榨取農民，依然是主要的經濟內容。所以，從周秦以迄清初，二千餘年，仍停滯在封建的巢穴裏。一直到帝國主義侵入以後，才使我國本來的經濟基礎發生空前未有的變化，一步步朝着資本主義的道路上走。近代大工業在數十年內，始慢慢地興盛起來。因為多繞了幾個圈子，以致開化最早的國家，反落到高鼻碧眼兒之後了。

或者有人要這樣問：當改朝易姓的時候，無異天翻地覆，人民在於干戈擾攘流離轉徙之餘，甚至有死亡過半的災難，未必社會經濟原素的結構不受破壞嗎？誠然，災難是有的，但富者與貧者在災難中所受的影響不同。王充在《論衡·藝增》篇說得好："使今之民也，遭大旱之災，貧羸無蓄積，扣心思雨。若其富人，穀食饒足者，廩困不空，口腹不飢，何愁之有？天之旱也，山林之間不枯，猶地之水，邱陵之上不湛也。山林之間，富貴之人，必有遺脫者矣。"可見在災難中，遺脫者總是富貴之人，他們握住社會經濟的命脈，既從災難的旋渦中逃出來，卽是社會經濟原素的結構未受破壞的鐵證。王充這段話，似乎就是亞洲社會停滯性的解釋。

　　總之：中國經濟發展的途徑，與全人類經濟發展的總途徑是相同的。我們在封建時代，不幸多繞了幾個圈子，現在似乎又以空前的速度前進，想趕上或追過那些先進的資本主義國家。在爭得獨立自由的環境下面，也許有同時達到"決勝點"之一日吧！這是一種樂觀的估計。倘若所希望的獨立自由不能實現，則中國經濟將永為帝國主義的附庸，我們的前途就非常黯淡了。這是一種悲觀的估計。究竟中國經濟未來的發展是樂觀呢？還是悲觀呢？就目前論，尚在未定之天，彷彿正處在萬分嚴重的十字路上。"差之毫厘，失之千里"，這確是一個值得大家熟思深慮的問題。

第二節　中國在帝國主義侵入前的經濟形式

　　一般說來，自從帝國主義侵入中國以後，好像在止水不波的池沼內，投下巨石，使中國經濟結構立刻起了變化，這是歷史上的事實，無論何人沒有爭議的。但是，要進一步追問：帝國主義在中國破壞了何種經濟結構呢？換言之：中國在帝國主義侵入前，其經濟形式是什麼呢？對這問題的解答，意見就不一致了。

　　有些西歐的"中國通"，平素愛用特殊的眼光來觀察東方社會，因此，也用特殊的眼光來觀察中國問題，甚至如世界馳名的經濟學者馬札亞爾（Magyar）亦未能免俗。他在其所著的《中國農村經濟研究》一書的"導言"中說："毫無疑義的，侵入中國之殖民地政策，適足以破壞亞細亞式生活之經濟的基礎。"他又在其書之別處說："亞細亞式生產方法之殘餘，幾乎布滿了全國。"照他的意見，則近代中國社會制度，是一種從亞細亞式生產方法向資本主義轉變的社會制度。

什麼是亞細亞式生產方法呢？馬札亞爾在同書內將亞細亞式生產方法與其他資本主義前期的社會形式比較說："東方社會之發展的出發點，亦是氏族制度；氏族的，宗教的或農村的公社，不過其另有不同者，即東方農業之第一個條件，是人工灌溉，水利之有計畫的調節，是公社的，地方的或中央政府之事業。"又說："亞細亞式生產方法……無論在任何條件之下，土地國有化是其基礎。……中國的東方式社會之主要的基礎，即是沒有土地私有制度。"

如上所述，從馬札亞爾看來。所謂亞細亞式生產方法，有兩個標準：一是土地私有制度的缺乏；二是灌溉制度的存在。現在姑不論中國在帝國主義侵入前，其經濟形式是否具備這兩個標準，我們且先研究所謂亞細亞式生產方法者是否能說是一種特殊的生產方法？

杜博洛夫斯基（Dubrovsky）在《亞細亞生產方法》《封建制度》《農奴制度及商業資本之本質》問題中說："私有制度的關係，亦即是土地的關係，並不是經濟基礎，而是上層建築的現象，……因此，不是私有制度的現象能夠解釋生產方法，反之，生產方法應當去解釋私有制度的現象。關於灌溉制度也應當這樣說。灌溉制度在各種最不同的生產方法下都可以有，如在宗法的農民經濟下，在奴隸主的經濟下，在封建的與農奴的經濟下等等。自然，在每一生產方法中，農業的灌溉都具有不同的特點，這是不容爭辯的，但生產方法祇建立在一個灌溉制度上，自然是錯誤的。"（中譯本三六頁）這段話祇有一個意義，即是土地私有制度的缺乏與灌溉制度的存在，不能構成一種特殊的生產方法——亞細亞式生產方法。

退一步言之，即使土地私有制度的缺乏與灌溉制度的存在為亞細亞式生產方法的標準，那麼，這種標準也與我國具體史實不符。我國自商鞅廢井田開阡陌以來，土地可以自由買賣，如《漢書·食貨志》上載有"秦用商鞅之法，改帝王之制，廢井田，民得買賣，富者田連阡陌，貧者亡立錐之地"等語，便知商鞅變法，已宣布土地私有制度，這種制度一直沿襲到現在，二千餘年相承不變。這即是中國在帝國主義侵入前，並不缺乏土地私有制度之證明。至於灌溉問題，我國亦與埃及等處不同，國內河流交錯，雨水適宜，人工灌溉本是不經常的事。杜博洛夫斯基說："在亞洲國家中，並不是到處和什麼時候，都有過灌溉制度。"這句話是有根據的。即謂黃河為患甚早，但究竟是局部問題，且祇是防禦水災，並非以工人灌溉為農業之第一個條件。可見所謂灌溉制度者在中國也是不存在的。

這樣說來，帝國主義侵入中國，所破壞的經濟基礎就不是亞細亞式生產了。試問破壞了什麼呢？《資本論》第三卷第二十章裏有下面這幾句話：

前資本主義的國民主產方法內部的鞏固與結構，對商業的解體作用所呈的抵抗力，在英國人與印度及中國的通商中表現出來了。印度及中國生產方法的廣大基礎，是由小規模農業及家庭工業的聯合構成的。

從這一段可貴的文獻中，就把我們提出來的問題解答了。即是說，中國生產方式之廣大基礎是由小規模農業及家庭工業的聯合構成的。換言之，就是中國在帝國主義侵入前的經濟形式是建立於小規模農業及家庭工業的聯合之上。

杜博洛夫斯基說得對："在閉塞於農村公社框中的半自然的農業與家庭手工業的聯合——這就是此種前資本主義的生產方法的細胞之所在。'亞細亞的'生產方法之基礎就在這裏。不在於土地國有化——無論如何不是的。不在於灌溉的制度——無論如何不是的。而物質福利的生產基礎，是在於與家庭工業相聯合的渺小的半自然的農業裏面。"（前書四八頁）這幾句話恰是前項文獻的詮釋。

假使說，所以亞細亞式生產方法不是以土地國有化（土地私有制度的缺乏）與灌溉制度為基礎，而以小規模農業及家庭工業的聯合為基礎，那麼，這種生產方法就不能叫做特殊的生產方法——亞細亞式生產方法，因為它已超出亞細亞的地理範圍之外。考茨基（Kautsky）在《土地問題》一書中，關於歐羅巴中世紀的生產方法，曾說過以下的話：

中世紀的農民家庭是完全或者差不多完全是自給的經濟公社，它不僅生產糧食以供自己的消費，而且建築自己的住宅，製造自己用的器具與裝飾品，鞣皮的工具及削皮的刀，大部分也是自己的製造的，又製造麻絲，縫紉衣服等等。

足見建立於小農業及家庭工業的聯合之上的亞細亞式生產方法與歐羅巴中世紀生產方法有其共同之點，明白些說，卽亞細亞式生產方法已經國際化。我們能一口咬定國際化的亞細亞式生產方法是一種特殊的生產方法麼？（陶希聖與李季却都是亞細亞式生產方法論的擁護者）

在這裏，要鄭重說明的，上面僅指出小農業及家庭工業的聯合構成帝國主義侵入前的中國生產方法之基礎，還未繪出當時整個社會的畫圖。要描寫整個社會，除生產方法外，必須考察站在這種生產方法之中的社會關係，申言之，卽必須考察如何從直接生產者方面搾取剩餘的生產品，在這社會中統治與被統治的關係如何形成起來？

在《資本論》第三卷《論資本主義地租的起源》一章中，曾論到直接生產者隸屬於地主，并舉印度為例來描寫這種隸屬的特徵，就是這些關係揭開了整個社會制度最深奧的神秘的基礎。中國在帝國主義侵入前的經濟形式既以農業為主，則在當時的社會關係中，從直接生產者方面搾取無償勞動的形式，必與土地私有制度不能分開，即土地佔有者靠搾取直接生產者以生存。我們應該在農民與土地佔有者的關係中去解答社會制度之"謎"。因此，必須承認由小規模農業及家庭工業的聯合所構成之經濟形式，實具有封建剝削的內容；所以，在帝國主義侵入前的中國經濟，仍不過是封建經濟罷了。

×　　　　×　　　　×　　　　×

以下且就中國具體的史料來說明建立於小規模農業及家庭工業的聯合之上的經濟形式。

先從農業說起：西周以農業開國在前面第一節已經講過。秦繼周而起，當時天下十分之六的財富聚在關中，與商鞅的重農抑商（如大小僇力本業耕織，致粟帛多者復其身；事末利及怠而貧者舉以收為孥）至有關係。漢代以還，政權屬於新興地主（土地資本），其經濟基礎建立於農村封建剝削之上，所以勸導農桑，獎勵力田，為第一要政；嘗有"皇帝親耕，后親桑，為天下先"之事。同時，又屬行抑商政策以打擊商人，所有這些辦法，都是替地主增殖財富，且以防止商業資本向地主進攻。雖然經過不斷的朝代更替，可是這些大政方針是始終不變化。滿清固以游牧民族入主中華，但在廣大的農業經濟之前，也不能不執行中國歷代的舊政策。如：

康熙二十九年上諭說："阜民之道，端在重農。"

又三十九年七月諭戶部說："國家要務，莫如貴粟重農。"

雍正二年二月諭各省督撫說："朕自臨御以來，無刻不廑念民依，重農務本。"又說："四民以士為首，農次之，工商其下也。農民勤勞苦作，以供租賦，養妻子，其敦龐淳樸之行，豈惟工商不逮，亦非不肖士人所能及。"

乾隆二年五月諭農桑為政治之本說："朕欲天下之民，使皆盡力南耕。"

所有這些上諭，可以"重農"兩字括之，這也許是我國人慣說的"以農立國"吧！在封建時代當然不得不這樣幹。不僅皇帝如此，就是皇帝御用的臣僕亦是如此。湘鄉曾國藩是所謂"中興名臣"之冠，平素注重農事，茲摘其家書一段於下，以見一斑：

……余與沅弟，同時封爵開府，門庭可謂極盛，然非可常恃之道；記得己亥正月，星岡公訓竹亭公曰："寬一雖點翰林，我家仍靠作田為業，不可靠他吃飯。"此語最有道理，今亦當守此兩語為命脈。望吾弟專在作田上用工，輔之以書蔬魚豬早掃考室八字，任憑家中如何貴盛，切莫改道光初年之規模……（曾國藩《致澄弟書》）

看吧！道光初年，約在鴉片戰爭前二十年，當時湘鄉曾家以靠作田為業，卽是農業在鄉村經濟中占支配地位之證。舉一反三，也可推知我國十九世紀初期的農業實況了。

不過，我國農業經濟大抵是地主經濟。自土地可以自由買賣之後，土地集中已成地主經濟的鐵律，所謂"富者田連阡陌，貧者亡立錐之地"是也。秦漢之際，擾亂不寧，固有一部分土地重行分配，如"故秦苑囿園池令民得田之"（《前漢書·高帝紀》）的例子，然仍無損於土地集中的趨勢。西漢之初，司馬遷還衹說"素封之家與千戶侯等"（《貨殖傳》），到東漢之末，仲長統則謂"膏田滿野，奴婢千羣"的豪人，其"榮樂過於封君"（《後漢書·仲長統傳》）。在土地集中的壓力之下，那些"春不得避風塵，夏不得避暑熱，秋不得避陰雨，冬不得避寒凍"的農民，受水旱與賦斂的打擊，"於是有賣田宅，鬻子孫以償債者矣"（《前漢書·食貨志》）。到了頂倒霉的年頭，則"人相食"成為家常便飯。這是如何緊張的矛盾呵！董仲舒看到這一點，所以主張"限民名田"；師丹看到這一點，所以主張"限田"；孔光與何武看到這一點，所以奏請"諸侯王以至吏民名田無皆過三十頃"；王莽看到這一點，所以"更名天下田曰王田……不得買賣，其男口不過八而田過一井者分餘田與九族鄉黨"（詳見《前漢書·食貨志》）；荀悅看到這一點，所以主張"以口數占田，為之立限"（《文獻通考·田賦門》）。不幸這些主張都是空言，以致社會矛盾日趨尖銳。到了矛盾炸裂的時候，就鬧得天翻地覆，在長期擾亂中，死亡過半，社會矛盾又弛緩起來。及新統治者跳上舞台，演了幾幕"粉飾太平"的喜劇以後，舊的社會矛盾重新緊張，釀成"一治一亂"之局。

晉代曾頒布過"占田法"（男子一人占田七十畝，女子三十畝），據說並未實行。在歷史上為人所嘖嘖稱道的恐怕要算北朝魏文帝時的"均田法"吧！把田分為露田與桑田兩種，男夫年十五以上授露田四十畝、桑田二十畝；女子則給露田二十畝，奴婢依良丁。其實所謂均田并非與豪强為敵，不過分配荒閑無主之田，以便於徵租稅而已。自是以後，土地問題依然成為各朝治亂的測量器，歷隋、唐、五代、北宋、南宋而不改。元朝本是異族得勢，除其功臣將士掠奪北方民田以為牧地外，卽就南方而論，散布民間的零星土地亦集中於少數人之手。據趙天麟《太平金鏡策》上所說："江南豪家，廣占農地，驅役佃戶。……荆楚之域，至有傭妻鬻子者，衣食不足，由豪強兼併故也。"如果要找比較精密的數字，則有崇安的例子為證："崇安之為邑，區別其土田，名之曰都者五十。五十都之田，上送官者為糧六千石。其大家以五十餘家而兼五千石；細民以四百餘家而合一千石。大家之田連跨數都，而細民之糧或僅升合。"（《元史·鄒伯顏傳》）從這裏可以窺見土地集中的情形。

明朝秉元末的衰微，起而代之，並未改變以前的土地制度。當時有官田與民田之分。所謂官田，卽從民間沒收得來的以及荒閑無主的土地，都歸政府所有；其中大部分，陸續賜與王公大臣；又有一小部分則招集流亡儘力開墾，結果仍為大土地私有者所吞併。顧炎武說："明初承元末大亂之後，山東河南多是無人之地。洪武中詔有能開墾者卽為己業，永不起科。……然自古無永不起科之地，國初但以招徠墾民，立法之過，反以啓後日之爭端，而彼此告訐，投獻王府勳戚及西天佛子……"（《日知錄》）可見由農民披荊斬棘所獲的土地，也逃不脫土地集中的鐵律。至於民田畝數比官田多六倍，依當時統計推算應有三百六十二萬餘頃，以全國人口總數五千三百二十八萬一千一百五十八人平均之人每人可攤派六畝左右。但實際分配則適得其反。如《明史·歐陽鐸傳》載："（鐸）調福州，議均徭。……郡多士大夫，其士大夫又多田產，民有產者無幾耳。"《王宗茂傳》載："（嚴嵩）廣布良田，遍於江西數郡。"張居正《答宋陽山書》載："豪家田至七萬畝（似為頃字之誤），糧至二萬……夫古者大國公田三萬畝，而今且百倍於古大國之數……"（《明文在》卷四十一）。證明土地集中已達到驚人的程度。土地既落到少數人之手，則大多數人不得不為地主服役，而過其貧困生活。例如，"吳中（江蘇）之民，有田者什一，為人佃作者十九。……歲僅秋禾一熟，一畝收不能至三石，少者不過一石有餘，而私租之重者至一石二三斗，少亦八九斗。佃人竭一歲之力，糞壅工作，一畝之費可一緡。而收成之日，所得不過數斗，至有今日完租而明日乞貸者"（《日知錄》）。剝削之重，可以想見。

在滿清入關後，其王公大臣與八旗兵卒，皆強奪中原農民的土地，而圈以標誌，視為己有，叫做"圈地"，這在當時是"合法"的事。順治元年諭戶部說：

我朝定都燕京，期於久遠。凡近京各州縣無主荒田，及前明皇親駙馬公侯伯內監沒於寇亂者，無主莊田甚多。爾部清厘，如本主尚存及有子弟存者，量口給予；其餘盡分給東來諸王勳臣兵丁人等。蓋非利其七地，良以東來諸王勳臣兵丁人等，無處安置，故不得已而取之。…今年從東來諸王，各官兵丁，及見來在京各部院官，着先撥給田園。其後至者再酌量撥給。（《皇朝文獻通考‧田賦門》）

從表面上看：雖說所奪取者限於無主荒田，可是在實際上決不會以無主荒田為限，是誰也想得到的。這種橫暴行為，到康熙八年才明令禁止，然人民所受的蹂躪，滿清皇帝亦不能抹煞，所說"比年以來，復將民間田地，圈給旗下，以致民生失業，衣食無資，流離困苦，深為可憫！"（康熙八年諭戶部）。從這"貓兒哭老鼠"的假慈悲中，也可推知當時異族壓迫的厲害。此外，還有所謂"馬廠"，即滿人牧馬的草地，在幾輔及各省到處都有，佔地非常廣闊。莫爾（Thomas More）在其所著《烏托邦》中，指斥英國貴族驅逐農民從事牧羊業，說是"羊吃人"；那麼，我國歷史上也有"馬吃人"的故事了。

在漢人方面，貴族與地主亦佔優勢。山東孔子的後裔，有土地二千一百五十七頃五十畝，是大眾皆知的事實。廣東從化縣的某地主，擁有土地蔓延全縣；有些地主豢養僱工一百五十人以至二百人

15

從事耕種。當時賦役不均的畸形現象，更為地主開"兼併"之門。康熙年間，山東巡撫佛倫在奏疏中曾說過："凡紳衿貢監戶下，均免雜差，以致偏累小民，富豪之家，田連阡陌，不應差徭。遂有奸猾百姓將田畝詭寄紳衿貢監戶下，希圖避役……"（《皇朝文獻通考‧職役門》）這當然不是百姓奸猾，而是猛於虎的苛政逼迫他們依附紳衿貢監坐受宰割。甚至有田已賣盡而仍報里役者，有田連阡陌而全不應差者……"田歸不役之家，役累無田之戶。以致貧民竭骨難支，逃徙隔屬。"（同上）像清初這樣的社會矛盾，自不待言，就是太平天國暴動的主要酵素。參看一八五三年頒行之《天朝田畝制度》，主張"天下之田，天下之人共耕之"，亦是十九世紀初葉土地分配不均的反證。

說到土地使用關係却與土地佔有關係相反，後者是集中少數地主，前者則分散給多數佃農。我們雖尋不到十九世紀初葉的統計來證明這一點，但前面已引過"吳中之民，有田者什一，為人佃作者十九"等語，亦可說是小規模農業的寫真。至於農業技術，或者說農業生產方法，完全是落後的，在十九世紀初葉以前，遠溯至秦漢時代，二千餘年之間，沒有什麼變動。固然從十八世紀後半期起，西方農村已採用大機械生產，這種"西洋鏡"，我國農民是做夢也未想到的。

上面這段冗長的敘述，祇是說明中國農業經濟卽地主經濟而已。揭開土地制度的秘密，我們就不僅看破農業的現象，同時又窺見農業的內容了。

✕　　　　✕　　　　✕　　　　✕

其次，關於家庭工業，可說與農業是一對"姊妹花"。"男耕女織"是我國農村生產的信條。凡農民必須在田野耕種，而農家婦女必須從事家庭中的紡織；田野耕種限於白日，而且大半又限於晴天，到了黑夜與雨天，或是農隙的時候，農民也在家參加紡織。這是一幅中國農村二千餘年不變的畫圖。固然，我國行會手工業發達甚早，據馬札亞爾的研究，"在中國，行會與幫口的發生，比之歐洲來其歷史更為悠久。曾有人指出，在中國行會曾從十二世紀存在到我們的世紀，無論如何，馬哥孛羅在十三世紀便已遇見了它們……"（馬札亞爾《中國經濟大綱》第三章）其實，行會手工業也許不止始於十二世紀，孔子所說的"百工居肆以成其事"，恐怕就是行會手工業的權輿吧！另一方面，我國的工場手工業，也有長期的歷史，如景德鎮的製瓷工業，南京的織緞工業，宜興的製陶工業，都是彰明較著的（參看《中國經濟大綱》第四章）。不過，行會手工業與工場手工業遠比不上家庭工業的普遍，在這裏，祇專論後者。

前面說過，"男耕女織"是我國農村生產的信條，這種條信一直維持到十九世紀。不僅農民家庭從事紡織，卽商人及所謂書香世族亦以從事紡織自誇。在《曾國藩家書》中可以摘出這類材料：

……自七月以來，吾得聞家中事，有數件可為欣慰者……家中婦女大小，皆紡紗織布，聞已成六七機……"（《致弟書》）

……新婦始至吾家，教以勤儉，紡織以事縫紉……（同上）

……新婦初來，宜教之入廚作羹，勤於紡織；不因其為富貴子女不事操作。……所織之布，做成衣襪寄來，余亦得察閨門以內之勤惰也……（《寄澤兒》）

從這些陳舊的書信中，可以推知紡織業是我國農村家產工業之主要部門。所以，"伊頃夫關於十九世紀中葉的情況，曾說過：'中國北部的婦女是從事棉紗或蔴布的'，'在商業上棉織品及絲織品是最多的'，'此外還有大批的織品──如府綢之類──從中國輸入蒙古，西伯利亞，中亞細亞去'。中國紡織品的貿易，亦輸入高麗，那裏有'大批的中國紡織及絲織品'送過去。總之：中國製造的紡織品之對外對內貿易，在十九世紀中葉已充分的發達了"（馬札亞爾《中國農村經濟研究》五五四頁）。

以上是就我國貿易方面看出家庭工業的影響，即在海禁大開西歐商品已經輸入之際，我國家庭工業所表現的抵抗力亦復驚人，《資本論》第三卷第二十章，於論英國廉價商品破壞印度的紡績及織布業功效遲緩之後，接着便說："（英國商品所起的解體作用）在中國更少，因為此處直接的政治權力不能為之援助。農業與製造業的直接結合能節省很多的時間與勞動，因此對於大工業的生產物，予以一種最頑強的抵抗，因為此等生產物的價格，要加入到處穿孔的流通費用，便昂貴起來了。"

我國家庭工業所表現的抵抗力，就是英國人也知道的，《泰晤士報》（Times）通信員之在"太平暴動"時游歷過中國者，曾認為外國的紡織品很難排擠中國的。他們把歐洲的棉布用中國的洗衣法在兩塊石頭中搓起來，經不得幾個月的洗。而中國的粗布卻可洗用六年。就是到了二十世紀，英國人仍以中國幾萬萬人不穿他們的布而扼腕太息，在一九〇一年海關監督翁文寫道："據我看來，我們商業最大的教訓與經驗，是我們蘭開夏（Lamkashire）的廉價布匹銷路不好，它不能在最貧苦的居民中奪得一塊地盤。……我們應該根據事實設想，就是要想幾萬萬中國人穿用西歐的棉布，真是做夢。"（詳見馬札爾《中國農村經濟研究》第二十五章內《中國家庭工業式的織布業之命運》一節）在一九〇七年，薩真特（Sargent）於其所著的《中英商務與外交》（Anglo Chinese Commerce and Diplomacy）一書中說："城市內的服務員與商店老板，是我們的主要消費者，而完全不是廣大的農業人口，農業人口只是我們的競爭者，因為家庭的紡織工業成了中國農村經濟之主要部分。"（引自沙發諾夫《中國社會發展史》四九四頁）

在過去，中國家庭工業差不多是英國人的眼中釘。這種情形雖現在已成"明日黃花"，使我們在囬憶中不盡滄桑之感，然用以說明中國在帝國主義侵入前的經濟形式，卻是非常寶貴的史料。

第三節　中國商業與高利貸資本的發展及其作用

事實告訴我們，中國商業資本的發展是有長期歷史的。在農業與手工業比較進步的情形下面，"市賤鬻貴"的商人也跟着出現了。《詩經·瞻卬》篇說："如賈三倍。君子是識。"卽商業資本的起源。到春秋戰國時已發展到可觀的程度，如《前漢書·貨殖傳》載有"周室衰，禮法墮，諸侯刻桷丹楹，大夫山節藻梲……其流至於士庶人，莫不離制而棄本，稼穡之民少，商旅之民多，穀不足而貨有餘"。就是明證。當時地方市場旣漸漸形成，貨幣經濟亦蒸蒸日上，為商人造就發財的基礎。像這類的史料，不知有多少，避免騈枝，祇舉一例於下：

朱公以為陶天下之中，諸侯四通，貨物所交易也。乃治產積居，與時逐，而不責於人……十九年之中，三致千金。…子孫修業而息之，遂至巨萬，故言富者皆稱陶朱公。（《史記·貨殖傳》）

由於商業資本的發展，它的一個小弟弟——高利貸資本——也顯露頭角。在《史記》中亦有可以徵引的史料：

孟嘗君時相齊……邑入不足以奉賓客，故貸息錢於薛，薛歲不

入，民頗不與其息。……馮驩……至薛，召取孟嘗君錢者皆會，得息錢十萬……（《孟嘗君列傳》）

到了秦朝，因為土地可以買賣，一般商業資本家都爭向土地投資，所以"富者田連阡陌"，即是說，商業資本家已地主化了。"漢興，海內為一，開關梁，弛山澤之禁，是以富商大賈周流天下，交易之物莫不通得其所欲。"（《史記·貨殖傳》）於是商業資本益發抬頭，其勢力之大，除使封君"低首仰給"外，更促成農村破產。晁錯是非常討厭商人的，他說：

商賈：大者積貯倍息，小者坐列販賣，操其奇贏，日游都市，乘上之所急，所賣必倍；故其男不耕耘，女不蠶織，衣必文采，食必粱肉，亡農夫之苦，有阡陌之得……此商人所以兼併農人，農人所以逃亡者也。（《漢書·食貨志》）

商業資本進了一步，同時，高利貸也進了一步。當時所謂"子錢家"，即高利貸的別名，他們是利用機會劫奪封君財富的。如《史記·貨殖傳》載"吳楚七國兵起時，長安中列侯封君行從軍旅，齎貸子錢。子錢家以為侯邑國在關東，關東成敗未決，莫肯與。唯無鹽氏出捐千金貸，其息什之。三月，吳楚平，一歲之中，則無鹽氏之息什倍，用此富埒關中。關中富商大賈，大抵盡諸田。田嗇，田蘭，韋家栗氏，安陵杜氏亦巨萬，此其章章尤異者也"。這樣說來，高利貸資本家亦地主化了。所以，在某種限度內，可以說漢初的商業資本，高利貸與地主，簡直是三位一體的東西。社會經濟既不斷的膨大，一感覺到國內市場狹小，就不得不要求國外市場，於是擊匈奴，通西域，開西南夷，便成為迫不容已之舉。換言之，漢武帝的對外政策，並非由於個人的好大喜功，而實有其經濟的動力。這一點，司馬遷是見到了的。他說："天子既聞大宛，大夏，安息之屬，皆大國，多奇物，土著頗與中國同業，而兵弱，貴漢財物……
天子欣然！……自博望侯開外國道以尊貴，其後從吏卒皆爭上書言
外國奇怪利害求使，……其使皆貧人子，私縣官齎物，欲賤市以私
其利外國……"（《大宛列傳》）日本高桑駒吉則以為"漢武帝時與
西域交通開，遂有外國通商之事，蕃客留長安者甚多。中國輸出以
絹為主，外國輸入大都為寶石藥材香料等……"（《中國文化史》）
說得更為明白。

　　不過，漢代的政權屬於地主，與商人是對立的。所以，"富商大
賈……冶鑄煮鹽，財或累萬金而不佐國家之急"（《平準書》）。而
國家機關則更不斷的打擊商人，始均輸鹽鐵官之設，"盡籠天下之貨
物，貴即賣之，賤即買之，如此，富商大賈無所牟大利"。又如"算
緡錢""告緡錢"的辦法，以致"商賈中家以上大率破"（均見《平
準書》）。在傳統的抑商政策之下，幾幾乎說商人不堪忍受。這一
點，影響到商業高利貸的發展，是非常之大的。

　　兩漢而後，經過魏晉南北朝，干戈不息延至四百年之久，尤其
是五胡侵入北方，糜爛更特別厲害。在長期混亂之下，市場破壞，
商業停滯，不獨北朝有"錢貨無所周流"的現像❶（《魏書·食貨
志》），就是南朝亦有"以布帛鹽米交易"的情形（詳見《隋書·
食貨志》）。到了隋朝統一之際，歷史又走上向前發展的軌道了。當
時不僅國內市場恢復過來，即國外市場亦不斷的擴大。煬帝開運河，
勾通南北，以利運輸，本是人人皆知的事。其對外貿易，則"令裴
矩往張掖監諸商胡互市，啖之以利，勸令入朝。自是西城諸蕃往來
相繼，所經郡縣疲於迎送，糜費以萬萬計"（《隋書·食貨志》）。

---

❶ "像"當為"象"。——編者註

可以想見商業發展的程度。可是，隋朝也不是保護商人利益的政權，如"徙天下諸州富商大賈數萬家於東都"，"課天下富人，量其資產出錢"，"課關中富人計其資產出驢"……都含有抑商的意味。

　　唐朝於削平羣雄之後，統一全國，國內商業有進一步的繁榮。武后長安二年，崔融奏摺上有這幾句話："天下諸津，舟行所聚，洪舸巨艦，千軸萬艘，交貨往還，昧旦永日。"（《文獻通考》）當日市場興盛，可見一斑。至於對外貿易則打破歷史的紀錄，"其時西方諸國商人來貿易於河西諸郡者，凡四十餘國，其中以猶太人為最多。中國商人之往西域印度波斯等地者亦不少。海路互市則有提舉市舶官掌之，以散其關稅。南自南洋羣島，西經錫蘭島以入於波斯灣，或沿阿剌伯半島海岸以至紅海，皆為中國商人所經之航路。其來中國者則以大食國人為最盛。武后時在廣州，泉州，杭州諸海港經商者數以數萬計。其貿易之品。由唐輸出者以茶為最著"（王桐齡《中國史》）。很明白地看到中國對外貿易的中心，從西北移到東南。因為手工業生產品到唐朝已經踏進新的階段，尤其是茶葉的大批輸出，使其成了近東各國日常生活的必需品。茶葉產於南方，如果當時商人把茶葉運到西北，經過天山南北路，再消❶售於西方諸國，不僅運輸技術上感受非常困難，就是數量上亦不能滿足國外市場的需要。在這種情勢之下，海上航路便打通了。由於海上航路打通，使中國交通工具得到大的進步，據說當時大船長達二十丈，可載六七百人。居留中國內地的外國商人也不在少數。史載唐肅宗時，田神功討平劉展之亂，"入揚州，遂大掠居人資產，發屋剔窌，殺商胡波斯數千人"（《新唐書·田神功傳》），卽其一證。對外貿易關

---

　　❶ "消"應為"銷"。——編者註

係既如此密切，那些通商口岸的官僚，有許多額外收入，暴富者大有其人。而商人的財運亨通更不必說了。

唐朝商業資本旣有突飛猛進的現象，而商業資本是與高利貸資本不可分離的。因此，唐朝高利貸資本亦遠勝於從前。陸贄奏議裏曾說過："人小乏則取利息，大乏則鬻田廬，斂穫始華，執契行貸……"（《新唐書·食貨志》）高利貸之深入農村，已成為普遍的事實。所以，沙發諾夫（Safanov）在其所著的《中國社會史》裏說：

> 恰恰在唐朝形成了並且一直存在到滿清末年的山西銀行家（指山西票號言——編者）壟斷的第一個基礎。山西銀行家很快就變成了封建國家的正式的銀行家，而且成為整千年的國內高利貸資本主要的柱石。
>
> ……從唐朝起，山西的商人，由於自己的財富，由於信用交通的擴大，才成為銀行家。……他們積累着許多資本，他們不僅把資本借給政府，而且還把資本借給全城市的商人。（中譯本二八九頁）

然而抑商政策，唐朝仍與各朝一樣，是照舊採用的。如借商錢（令商賈本錢過千萬者貸其餘以濟軍），稅間架算除陌，取僦匱納質錢，以及宦官主宮市，縱五坊小使敲作等等（詳見趙翼《廿二史劄記》與《唐書·食貨志》），都是剝削商人的。長安商人曾演過一齣"罷市"的趣劇。涇師擾長安之日，亦在市上高喊"不奪爾商戶僦質，不稅爾間架除陌"的口號，似乎商人的痛苦，已取得譁變兵士的同情。從這裏，可以看出商人具備了相當的反抗力量。

宋朝對外貿易仍是向前發展的，加以航海術有新的進步（如發明指南針），航海商人愈趨便利；政府有時且採取獎勵政策，如遣內侍往海南諸番國招勾進奉，以承信郎（從九品）的官職襃與番商之類。不待言，這種辦法不過是藉擴大對外貿易以裕稅源而已（南宋時，對外貿易關稅是政府重要收入之一）。所以，王應麟說："海舶歲入，犀象，珠寶，香藥之類，皇祐中（一〇四九———一〇五三）五十三萬有餘；治平中（一〇六四———一〇六七）增十萬；南宋中興歲入二百萬緡。"（《玉海卷》一百八十六）稅額如此繼長增高，當可推知商業與高利貸資本亦以同一比例而積累起來，尤其是高利貸的殘酷剝削，簡直與毒蛇無異。民間借貸的利率，春天借米一石，秋天還米兩石（《宋史·陳舜俞傳》）。司馬光描寫窮民的痛苦有下面一段話：

> 稼一不登，則富者操奇贏之資，取倍稱之息；偶或小稔，責償愈急；稅調未畢，資儲罄然；穀未離場，帛未下機，已非己有。所食者糠粃而不足，所衣者綈褐而不完。直以世服田畝，不知舍此尚有可生之路耳。（《宋史·食貨志》）

王安石本大政治家的眼光，看出社會的癥結，就提倡"青苗法"來反對高利貸。"以諸路常平廣惠倉錢穀，依陝西青苗錢例——李參創行——民願預借者給之。……兼併之家不得乘新陳不接以邀倍息。"自然能供農民暫時鬆一口氣。不幸新法失敗，高利貸的毒素又浸入農民血液之中而愈不可救藥了。

元朝入主中國，對於北方農業雖以掠奪牧地之故大加蹂躪，但對商人則比較重視，有時且特別拉攏，如《元史·世祖本紀》載："中統元年置互市於漣水……立互市於潁州……二年宋私商七十五人入宿州，詔宥之，還其貨，聽榷場貿易。……至元元年釋宋私商五十七人，給糧遣歸其國。"即是一例。其中更明顯的事實，莫過於招降蒲魯庚，他是阿剌伯的大商業資本家，做了南宋的大臣，在宋元遞嬗之際，有左右南北政局的勢力。日本桑原隲藏曾論過這件事，他說：

蒲壽庚棄宋降元之事，影響於宋元運命之消長，至為重大。蓋蒙古軍之陸上戰鬥力，當時雖有天下無敵之概。然其海上活動，殆全無能力可言。若僅此而觀，或尚有不敵宋君之處。而今管理海上通商，精通海事智識，且能調遣多數海舶之蒲壽庚，竟降附於元，且助元以征東南。此就元朝方面言之，可謂獲得莫大利益。然就宋朝方面言之，則實受無上之打擊矣。（《唐宋元時代中西通商史》一五四頁）

這還是宋元對峙時期的事。到了元朝奠定江南以後，尤注意於國外貿易的恢復。“至元十四年，立市舶司一於泉州，令忙古觶觶領之。立市舶司三於慶元，上海，澉浦，令福建安撫使楊發督之。每歲招集舶商，於番邦博易珠翠香貨等物。及次年廻帆，依例抽解，然後聽其貨賣。……二十一年，設市舶都轉運司於杭泉二州，官自具船給本，選人入番貿易諸貨，其所獲之息，以十分為率，官取其七，所易人得其三。”（《元史》卷九四《食貨志》）這是關於海路方面的國外貿易。至於陸路方面，由四次遠征的結果，建立了橫跨亞歐兩洲的蒙古大帝國，與西方各國的貿易關係，可說是空前未有。“威尼斯（Venice）與熱內亞（Genoa）的商人深入到黃河及揚子江的沿岸來了。”依照彼戈羅狄（Pegolotte）的紀載：“從亞速夫（Azov——黑海附近地方）到中國去的道路，據商人們的談話，是完全沒有一點兒危險的，白天晚上你都可以行走。”（《中國社會發展史》三七六頁）於是中國的磁器、綢緞、棉花……便大批的送到歐洲去。元朝的國外市場既非常擴大，商業資本的發展好像沃土上的青苗一樣。儘管當時對於國外貿易嚴加限制，規定：“凡權勢之家皆不得用己錢入番為賈，犯者罪之，仍籍其家產之半。”（《元史·食

貸志》）然而在“發洋財”的誘惑之下，法令自然成為具文，看了
“富民往諸番商販，率獲厚利，商者益衆，中國物輕，番貨反重”
（《新元史·鐵木迭兒傳》）的史實，便知道了。

與元朝商業資本並肩而立的，還有高利貸資本，即所謂“羔羊
兒利”。當時放高利貸者有王侯貴族、胡商與一般商業資本家，剝削
之重非常可怕，有“息累數倍，至沒其妻子，猶不足償”者。這些
殘酷的事實，使政府當局看了也不得不發生一點假慈悲，於是“敕
民間貸錢取息，雖踰限止償一本息”（《元史·世祖本紀》），又
“定民間貸錢息法，以三分為準”（《新元史·世祖本紀》）。其實這
些官樣文章，究不能把貧民從高利貸的羅網中釋放出來。茲引幾件
史實為證：

有負西域賈人銀者，倍其母不能償。（《元史·王玉傳》）

及征賦，逃竄殆盡。官為稱貸，積息數倍，民無以償。（《元
史·譚澄傳》）

貧民貸富家錢，至本息相當，收其本。又以息為券，展轉責償，
號羔羊利。負則虐待之，不勝其毒。（《元史·廉希憲傳》）

初開平人張彌家富。彌死，其奴索錢民家，毆負錢者至死。
（《元史·賀勝傳》）

這不過略舉數例耳。像一類的史實眞不知有多少？

元朝塌台之後，中國進入內亂時期，國外貿易因而暫時中止。
明初曾有拒絕與外國通商之事，當時外國商人多藉口“朝貢”以進
行交易，中國政府亦予以苛刻的待遇。如顧炎武說：“洪武初，令番
商止集舶所，不許入城。通番者有厲禁。”（《天下郡國利病書》卷
一百四）是也。不過這種阻力終抑止不住經濟發展的趨勢。所以
“永樂初，西洋剌泥國回回哈只馬哈沒奇等來朝，附載胡椒，與民互

市。有司請徵其稅，帝曰：‘商稅者國家抑逐末之民，豈以為利？今夷人慕義遠來，乃侵其利，所得幾何？而虧辱大體多矣’，不聽”（《明史‧食貨志》）。在維護通商的條件之下，外國商人便接踵而來了。而中國人之往外洋者亦一天多似一天，所謂，“三保太監（鄭和）下西洋”，並不如昔人所傳專去訪問建文皇帝下落的，而是有其濃厚的經濟背景。互市之路既開，即無異為商業資本投下發展的酵素。以致“成化宏治之世，貢獻至者日盛……椒木銅鼓戒指寶石溢於庫市，番貨甚賤，貧者承令博買，多致富”（顧炎武《天下郡國利病書》卷一百二十）。當時商人與日本貿易亦獲鉅利，“其去也，以一倍而博百倍之息；其來也，又以一倍而博百倍之息”（同上書《福建志》）。有了這些發財的機會，商業資本便進一步的積累起來，其有毒的“觸鬚”竟伸至偏僻的村鎮。黃省曾《吳風錄》說：“自劉氏毛氏創起利端……而大村名鎮必張開百貨之肆，以榷管其利，而村鎮之負担者俱困，由是累金百萬。至今吳中縉紳大夫多以貨殖為急。”商業資本既占上風，放高利貸亦極盛一時，謝肇淛在《西吳枝乘》一書裏曾叙過這件事，他說：“湖（湖州）民力本射利，計無不悉，尺寸之堤，必樹之以桑；环堵之隙，必課之以蔬。富者田連阡陌，桑麻萬頃，而別墅山莊求水竹之勝，無有也。薦紳亦然。近日效法吳中，間一有之，然人士往往竊嗤之曰：‘胡不以置典肆，逐什一之利’……可見縉紳大夫在商業高利貸資本之前已變為‘貨殖’‘逐利’之人。豈止縉紳大夫如此，即‘勳貴武臣多令子弟家人行商中鹽，為官民害’，而公然違反‘四品以上官員家不得與民爭利’之舊制（《明史》卷一百五十《李慶傳》）。封建制度的‘毛細管’似乎已被商業高利貸資本的餘瀝完全閉塞了。”

前清中外通商比明朝更為發展，在歐美各國來華商船的數量及其載重的比例中可以窺見。日本稻葉君山《清朝全史》裏，寫過下面的一段話：

……乾隆十六年（一七五一），英船八艘，荷蘭船四艘，法船二艘，丹麥船一艘，瑞典船二艘，總計十八艘泊於黄浦。後乾隆五十四年（一七八九），船漸增加；英船六十一艘，美船十五艘，荷蘭船五艘，法船一艘，丹麥船一艘，葡船三艘，總計八十六艘。

又東印度公司英美商人關於廣東的中外通商事業調查，亦證明航行廣東商船的噸數之逐年增加。如一八一三年（嘉慶十八年）總計四萬九千六百三十噸，到了一八二八年（道光八年）便增為七萬五千二百三十噸。當時進口貨隨之進展，如棉花在一八一三年計值四千二百五十萬英磅，到了一八二八年則增為五千九百一十萬英磅；五金在一八一三年為三千五百一十二噸，到了一八二八年則增為六千九百三十噸，棉花在一八一三年尚無輸入，到了一八二八年則有七千萬包以上。固然，前清的對外貿易使我們逐漸不利的趨勢，但是，隨着舶來品的增加，而一部分與對外貿易有關係的商人因此大發其財，增進商業資本的積纍，總是事實。

至於前清的典當業，是一種高利貸的商業機關，是誰也知道的事。往往一縣之內，典當多至十餘家乃至數十家。茲以天津為例吧！"天津縣屬城鄉，典當凡四十餘家，每年冬有減利之則，由藩司出示，惠及貧民，平時利息，綢布衣服金銀首飾，每兩二分；羽紗呢絨皮貨，每兩三分；十兩以上則仍二分；若銅錫器具，無論十兩內外，概係三分。年例於仲冬十六日起，至年底為止，原利三分者讓作二分，原利二分者讓作一分五厘。其典商所損無多，而貧民大為方便。一進臘月，則爛其盈門，櫃台夥計，已有應接不暇之勢，櫃外人聲鼎沸，紛如亂絲，從日出起直至日昃，迄無甯晷，至歲底數日，人數尤多，事情尤瑣，大除夕城鄉當舖，一律向不關閉，紛紜一夜，竟有守候終宵者，至元旦日出人數始稀……”（張壽《津門雜記》）看了這段紀事，高利貸資本在當時的重要已不言而喻了。此外，山西的票號更是全國高利貸資本的中心，它們的勢力到現在雖已成強弩之末，但在前清是喧赫一時的。商人、官僚……無不向山西票號借貸，山西票號的經濟網散佈全國，山西省簡直成為當時高利貸的根據地。這些財東常利用機會向土地投資，如“山西的居民利用河南居民的貧困，而以小小的價格購買他們的土地；職此之故，在河南土地佔有，大部分都在山西人手上”（《中國社會發展史》四七〇頁）。高利貸發展到這種程度，可說已經是登峯造極了。

以上是中國在帝國主義侵入前，一幅商業與高利貸資本長期發展的畫圖。

×　　　　×　　　　×　　　　×

現在且將商業與高利貸資本的作用討論一下：

像波達克諾夫（Bogdanov）之流，嘗稱資本主義前一時代為“商業資本時代”，甚至以為商業資本可創立一種特殊的社會形式——商業資本社會，並且有適應於商業資本社會的政治組織。他在《經濟科學概論》中曾說過：

就政治組織說，商業資本主義的時代，乃是專制君主制最盛的時期。國內各部的緊密的經濟結合（因交通發達創造的）構成國內鞏固統一的基礎。同時，專制君主制須遂行極重要的歷史的使命。這種任務的進行，經過激烈的鬥爭，而這種鬥爭強固國家的權力，并且使其得到正在發展的商業資本家階級的同情和信賴。（商務印書館中譯本一四五頁）

在波克達諾夫的原則掩護之下，拉狄克（Karl Radek）就有用武之地了。他在《中國歷史之理論的分析》一書中說：

當封建制度末期，由封建社會產生一種新的商業資本階級，秦
朝的政權就建築在這種階級上的，同時依靠它以反對一切舊的封建
勢力。（五三頁）

元朝為中國專制發達之極峯，與歐洲十八世紀末葉之極端專制
政體相同。元代之純為地主與商業資本階級合組之國家並非偶然，
元代統治之時，亦卽中國經濟發展最高的時候。（五六頁）

照拉狄克的意見，中國到秦朝已屆封建末期，從當時起，中國
已是商業資本統治的國家，或是地主與商業資本階級合組之國家。
商業資本既這樣的顯赫，那麼，商業資本的小弟弟——高利貸資
本——當然也隨乃兄——商業資本——一起"高陞"了。沙發諾夫
（Sofanov）關於高利貸資本，曾寫過以下的話：

高利貸資本起了獨立的作用，便是唐朝的一個中心事實。（《中
國社會發展史》二九五頁）

滿清時代政權的中心人物就是高利貸者。（同上，四七六頁）

有了這些世界著名的外國學者，替中國商業與高利貸資本"搶奪
地盤"，自然在中國也引起不少的"囘聲"。如梅思平以為"秦在戰國
末年是一個最大的商業國"，"中國在桓（公歷紀元前六八四——前六
四三）文（公歷紀元前六三五——前六二八）以前，已漸入商業資本
的時代"，"在無論什麼地方，從純粹的封建社會過渡到商業資本社
會，這種關係是很普遍的"（《中國問題之囘顧與展望》一一七——一
五四頁）。又李季以為"自秦至清鴉片戰爭前為前資本主義的生產方
法時期"，其對前資本主義特徵的解釋，有"高利貸資本和商人資本
很佔優勢"一條，甚至說"秦漢之際是高利貸資本與商人資本的稱
霸"（《讀書雜誌》中國社會史論戰第二輯《對於中國社會史論戰的貢

獻與批評》四五——五四頁）。卽是具體的例子。

　　首先應該解答的是：商業資本是否可以創立一種特殊的社會形式，如一般人所稱的“商業資本社會”呢？我們知道：一切社會形式是由生產方法生產關係來決定的。商業資本不能創立自己的生產方法，它祇是一種交換關係，並不代表一種生產關係。很清楚的，它不能創立價值或剩餘價值，不過幫助價值或剩餘價值之實現而已。因此，在歷史上商業資本不能構成一個獨立時代。高利貸資本也如商業資本一樣，祇具有為資本特徵的剝削方法，沒有為高利貸資本特徵的生產方法。所以，杜博洛夫斯基說：“在《資本論》上關於商業與高利貸資本這些學說中，完全明白的看出，把前資本主義的制度當做商業資本時代的制度去描寫的人，是多麼錯誤的。《資本論》上沒有一個地方說到商業與高利貸資本的時代，他只說前資本主義的關係。”

　　其次，應該解答的是：商業資本以及高利貸資本是否能建設自己的政權呢？我們知道：“國家不是別的，只是在生產中居指揮地位而占有生產工具的階級，對創立剩餘價值——就是在生產中居附庸地位的階級之統治形式。在商業與高利貸資本的條件下——無論這是農奴經濟，奴隸主經濟或封建經濟——這些生產的形式不依繫於商業高利貸資本。所以，在生產中指揮的不是商人，不是高利貸者，在奴隸主的經濟下是奴隸主，在封建經濟下是封建主，在農奴的經濟下是農奴主，也如在資本主義的經濟下是資本家一樣。”（杜博洛夫斯基）“因此，十分明顯的，在前資本主義的商業資本，沒有創立自己的生產方法，沒有創立自己從直接生產者方面搾取剩餘勞動的特殊形式，同時，也沒有創立自己形式的國家。”（同上）

　　俄國歷史家波克洛夫斯基（Pokrovsky）曾說過：“什麼也不生

產的商業資本，不能決定所與的社會政治之上層構造的性質，以‘帶了一個有邊的帽子的商業資本’來規定專制主義是全然謬誤的原因，就在這裏。在或一時代商業資本的影響不論怎樣大，但政治之上層構造的性質，是由生產關係決定，不是由交換關係決定。”（見《文化》第二期關於《俄國封建主義專制主義之起源及特質》）懂得這一點，便知道拉狄克以及沙發諾夫對秦朝元朝清朝政權的估計是錯誤的。

最後，還要說到商業與高利貸資本在前資本主義各種社會形式中有何作用的問題。不待言，商業資本是可以腐蝕自然經濟的。因為商業資本使生產向交換價值一方面發展，“對於以生產使用價值為主要任務的種種形式的原來諸生產組織，多少發生一種使之解體的作用。商業對於舊生產方法所加的解體作用究竟達到何種程度？這首先是以這種生產方法的堅固程度及其內部的構造如何為轉移的”（《資本論》第三卷第二十章）。不過，這並不像拉狄克所說是與一切舊的封建勢力立於反對的地位，商業資本愈發達，則靠剝削農民過活的封建主，因自己需要增加，剝削益發加重，從直接生產者所搾取的剩餘生產物，除供自己消費外，並變成商品投向市場中去，以構成封建主方面商業與高利貸資本發展基礎。所以，商業資本雖然在某種程度上腐蝕了自然經濟，但沒有破壞封建制度，並且在原有制度基礎上加強了封建的剝削。杜博洛夫斯基說得對：“在近代的中國，印度及其他東方國家中，商業與高利貸資本還構成封建農奴制度，或者到現時在那裏還占統治地位的封建農奴制度殘餘之不可分離的部分。商業與高利貸資本那裏使農民破產，把農民隸附於土地佔有者，鞏固了他們對農民統治的政權。常常是這些小的封建主，把商人的職能及高利貸者的職能都集中在自己手裏。但商業與高利貸資本的此種偉大作用，無論如何，不能把封建農奴關係的殘餘退到次要地位去。商業與高利貸資本，就在這種封建農奴關係的基礎上，可以發展起來。"（《亞細亞生產方法》《封建制度》《農奴制度及商業資本之本質問題》一六九頁）這段話，在估計商業與高利貸資本的作用時，是值得我們三復的。

第四節　中國在閉關時代何以未發展到資本主義

中國經濟的發展，就時間論，有數千年的歷史可以追尋。當我們祖先邁步走入封建經濟的時候，西歐許多文明國家還停滯在原始經濟與氏族經濟之中。不料向來落後的西歐，自十六世紀以來，已放出資本主義的曙光，到十八世紀，已發生工業革命，一步步向資本主義的康莊大道上走；而開化最先的我國，仍鎖閉在封建的樊籠中，與資本主義絕緣。一直到十九世紀西力東漸之後，以"外鑠"的原因，才在我國封建經濟的荒烟蔓草之中，撒佈一些資本主義的種子。這裏似乎有一個"歷史之謎"引起人們的苦思力索。質言之，即中國在閉關時代何以未發展到資本主義？這是擺在我們前面一個懸而未決的問題。

研究這個"歷史之謎"的人，有各種不同的解答。有人以為由於中國沒有自然科學的進步；又有人以為由於中國沒有強有力的政府強迫農民到工廠作工（見《中國歷史之理論的分析》二七頁）。這兩種解答都是"倒果為因"。就前者說，是先有資本主義的發展，而後有自然科學的需要，並不是先有自然科學的進步，而後有資本主義的發展。就後者說，資本主義不是在強有力的政府之基礎上造成的，而强有力的政府却是建築在資本主義基礎之上的，中國沒有自然科學，或沒有强有力的政府，不能看做是阻礙資本主義發展的因素。

另一種解答，以為中國在閉關時代未發展到資本主義，由於缺乏蒸汽機的發明（郭沫若是這種意見的代表）。不錯，有了蒸汽機，英國資本主義便蓬勃而起，本是一種事實。不過，蒸汽機也不像"隕石"一樣，是從天上掉下來的，而是當時現實社會的產物。申言之："市場一天天擴大，需要也一天天增加，這時候，就連工場手工業組織亦不復能應付了。於是又有蒸汽機及大機器出來，演了一場工業生產的革命。僅此大規模的近代工業便取得了工場手工業的地位……"可見有了市場的擴大，便引起蒸汽機的發明；有了蒸汽機的發明，便引起近代工業的發展。如以市場的擴大為因，則蒸汽機的發明為果；如以蒸汽機的發明為因，則近代產業的發展為果；這是一串的因果連循。祇斷定中國未發展到資本主義由於缺乏蒸汽機，而不探討蒸汽機之何以缺乏，將因果連循從中斬斷，則不是解答問題而是移動問題。

考察中國史實，固然沒有蒸汽機，但比蒸汽機稍遜一籌的機械是有的。如唐代李皋的戰艦、宋代湖匪的輪舟，就是鐵證。《舊唐書·李皋傳》載有："李皋……常運心巧思，為戰艦，挾二輪蹈之，翔風鼓浪，疾若掛帆席。"《新唐書·李皋傳》亦載"教為戰艦，挾二輪蹈之，鼓水疾進，駛於陣馬"之文。又《宋史·岳飛傳》敘及洞庭湖中的湖匪曾使用輪舟，有"以輪激水，其行如飛"等語。這種是機械上的新發明，與西歐不同者就是我國的新發明只適用於交通工具而未適用於生產工具耳。假使環境順利的話，或更確切一點說，假使市場擴大的話，那麼，安知這些新發明不從交通工具方面轉移到生產工具方面上去？安知李皋之後，沒有東方的瓦特（Wott）誕生？所以，問題的中心點，不在於缺乏蒸汽機，而在於缺乏發明蒸汽機的條件。

拉狄克說過：“為什麼中國沒有人發明蒸汽機呢？……我們必須了解的就是現代的機器可以說是在英國發明的。……近代機器製造所以發明於英國，實有其歷史條件。中國人為什麼沒有發明機器呢？這與英國以外其他各國所處的情形是一樣的。英國由手工工場進步到近代工業，有沒有什麼特殊原因呢？假如我們展讀技術發展史，就可以見到：企圖進到機器領域來的實有三個國家，首先是意大利……其次是荷蘭，第三就是英國。在英國才把這個問題解決了。為什麼只是在三個國家中的表現，有超出手工業技術界限的企圖，而其他各國都沒有呢？因為這三國都是海上的國家，他們都是靠海上商業及殖民地的搶劫為生的；在這三國之中，是產生大批生產品的；但這些條件，惟英國最好。我們知道：自從阿拉伯人及土耳其人先後把地中海與東方的關係割斷時，意大利的作用就終止了。荷蘭呢？版圖太小，天然物產也太少，實難負担廣大生產品技術的使命，使生產力加緊提高。……英國則不然，版圖很廣，礦產財富用之不絕，而且當手工業發展極盛的時候，英國就插入了東印度。中國是地大物博的，遠在十三世紀時，它就照這三國的方向走了。當時佔據全亞細亞者是蒙古民族，……引起中國商業資本很快的發展以及工場手工業長足的進步。但蒙古統治一崩壞……而廣大的市場就隨之分散了，中國的商業資本不能在全亞洲大陸之上通商了。……總之：自元朝滅亡之後，中國幼稚資本主義（？）一個最大的內地市場就消滅了，中國商業只得被封鎖於中國本國以內而與其他外界的市場隔絕了。自此以後，中國手工業的工場差不多就完全停在十九世紀中華的發展的水平線上沒有一點進步的情形了。"
(《中國歷史之理論的分析》二五——二七頁)

把上面一段話綜合起來，就是說：英國發生工業革命由於有廣大的國外市場；中國自元朝以後，却與國外市場隔絕，以致技術停滯，無由發展，幼稚資本主義（？）的萌芽便窒息而死了。

誠然，國外市場的刺激為資本主義發展的因素，本是不可否認的眞理。所謂"近代產業建設了世界市場，其引線全在美洲的發現。有了這種市場，則商業，航業，陸路交通，便成就了絕大的發達；這種發達又促進產業的發展"。於是資本主義便不啼不笑而誕生了。

不過，國外市場祇是資本主義發展的因素之一，換言之，這種因素是屬於外部的，我們固然不能否認外部的因素，但也不可過於重視外部的因素——以外部的因素為發展上之唯一的條件更是不可容恕的錯誤——因為在發展過程中，內部的因素之重要更遠出於外部的因素之上。前面不是說到荷蘭與英國嗎？這兩個都是海上的國家，都可利用國外市場，就外部的因素言是相同的。但一則"版圖太小"一則"版圖很廣"；一則"天然物產太少"一則"礦產財富用之不絕"；這卽是說，兩國內部的因素不同。工業革命不發生於荷蘭而發生於英國，顯然與內部的因素有關。這一層，在解答中國"歷史之謎"時應該估計到。

在資本主義發展上所必需之內部的因素是什麼呢？《資本論》第一卷第二十四章曾說過："資本主義生產是以大量資本與勞動力存於商品生產者手中為前提的。"換言之，卽資本主義生產有兩個不可缺的因素：一是大量資本；一是勞動力。只到了商品生產者手中握有這兩個東西的時候，資本主義生產才能進行。大量資本與勞動力卽是資本主義發展上所必需之內部的因素。

　　現在要說明的問題是：商業生產者如何獲得大量資本與勞動力？我們知道在資本主義積纍之先，有所謂"原始的積纍"（Primary Accumulation）。這種積纍決不是從勤勉，節儉中得來，"大家都明白在眞實世界的歷史上，征服，宰割，掠奪，殘殺——一言以蔽之，暴力實起主要的作用。……按之事實，原始的積纍方法決不是清正純潔的。"（《資本論》英譯本七九一頁）有了原始的積纍，卽是"資本主義生產方法的出發點"。不僅此也，原始的積纍旣由征服、宰割、掠奪、殘殺而來，則那些被征服、被宰割、被掠奪、被殘殺的人，就變成了"窮光蛋"，資本積纍與貧困積纍是相因而生的。所以"為資本主義制度掃除障礙的過程，不過是勞動者與勞動工具所有權分離的過程而已；卽是說，這種過程，一方面是轉變社會的生活資料與社會的生產工具為資本，別一方面是轉變實際生產者為工錢勞動者。所謂原始的積纍，無非是生產者與生產工具分離之歷史的過程"（同上，七九一——七九二頁）。生產者旣與生產工具脫離關係，則他們便成為飛鳥般自由的無產者，於是不得不投入於勞動市場中，靠出賣勞動力過活。這樣說來，大量資本與勞動力都是同一歷史過程中之產物，換言之，卽原始的積纍之產物。從西歐各國資本主義發展史上，可以得到許多具體的證明。

　　中國情形怎樣呢？就"大量資本"說：固然老早就有了兩個不同的資本形式——商業資本與高利貸資本，但在一貫的抑商政策之下，疊受打擊。漢朝曾設均輸鹽鐵官，使"富商大賈無所牟大利"，甚至有"算緡錢""告緡錢"的苛政，以致"商賈中家以上大率破"，當然談不到大量資本的積纍。卽偶有若干資本，亦爭向土地投資，走進封建剝削的羅網中去。到了唐朝，本有過經營採礦冶金業的盛舉。據《新唐書·食貨志》所載："凡銀銅鐵錫之冶

一百六十八……天下歲率銀一萬五千兩，銅六十五萬五千斤，鉛
十一萬四千斤，錫一萬七千斤，鐵五十三萬二千斤。"這似乎是微
弱的工業之萌蘗，不幸唐德宗採擇戶部侍郎韓泗的建議，主張
"山澤之利宜歸王者"，把這些採礦冶金業劃歸鹽鐵使主管。於是
一點微弱的工業之萌蘗也被官僚踐踏，斷絕生機。唐朝以降，抑
商政策，變本加厲。如宋代"熙甯十年以前，諸州商稅，歲額四
十萬貫以上者三州，二十萬貫以上者五州，以外諸州分十萬至五
千貫諸等。南渡以後，……貪吏苛取百出，私立稅場，稅及緡錢
斗米菜蔬束薪之屬。……與商民相刃相劘，不啻仇敵……商業亦
受其累矣。"（陳燦《中國商業史》六八頁）明代也是如此，如
"熹宗之時，採造益多，光祿寺每向京師富戶強買，不給價值，物
價太廉，商賈匿跡。戶部奏請編審，中使故意加派，民不堪命，相
率避匿。乃強京師富戶為商，官司密鈎，若緝寇盜，商困如此，商
業可知"（同上，九一——九二頁）。像這樣傳說的抑商，要想產
生大量資本，實無異緣木求魚。因此，應該說，我國商業與高利
貸資本雖有長期的歷史，然未曾百尺竿頭更進一步，向資本主義
的道路走去，不是沒有原因的。此其一。

　　再就"勞動力"說：在土地集中的過程中，"富者田連阡陌，
貧者亡立錐之地"，本是極尋常的現象。那些"亡立錐之地"的農
民，當然是飛鳥般自由的無產者。如果以為"中國土地肥沃，天然
條件適宜，使農民雖在殘酷剝削之下，還能維持其水平線下的生活，
而不致潛離土地"（朱其華《中國近代社會史解剖》二九頁），因
此，斷定中國不具備"勞動力"這個條件，此種估計，我認為是不
合史實的，不過，有出賣勞動力的，而沒有購買勞動力的市場，申
言之，即中國城市大率為行會制度所籠罩，新的工場手工業即偶然

有過一點微微的萌芽，亦無由遂其生機，以致離開土地的農民，無處歸宿。結果，只在歷史上引起週期的風暴——如赤眉黃巾之類——供一二野心家的驅馳。到了大亂敉平，則死亡過半，而所謂勞動力者也"靡有孑遺"了。這是中國釀成"一治一亂"之局的根本原因。在這種特殊情勢下面，自然無由打開資本主義之門。此其二。

照此說來，資本主義發展上所必需之內部的因素，在中國閉關時代是殘缺不全的。再加以國外市場，有時展開，有時隔絕，不能使原始的積纍繼長增高，一帆風順似的發展下去。所以，開化最早的中國，數千年翻來覆去，仍未跳出封建的樊籠；而資本主義的曙光，一直等到西方的帝國主義的鐵蹄踏遍神州大陸時，才從落後的東方出現。

在這裏，應該特別說到的，有些人以為商業與高利貸資本是前資本主義的一胚，因此，認定從商業與高利貸資本發展的進程中必然走到資本主義。這種說法是不正確的。因為"商業對於舊生產方法所加的解體作用究竟達到何種程度？這首先是以這種生產方法的堅固程度及其內部的構造如何為轉移的。這種解體的進程究竟歸結到何處？就是：那一種新的生產方法起來代替舊的生產方法，這不是以商業為轉移的，而是以舊生產方法自身的性質為轉移的。在古代世界中，商業的作用及商業資本的發達常歸結到奴隸經濟。……反之，在近代世界中，商業資本的發達歸結到資本主義的生產方法。由此所得的結論是：這些結果，不是由商業資本的發達決定的，而是由種種完全相異的狀況決定的"（《資本論》第三卷第二十章）。高利貸資本也是如此。"高利貸者在一切前資本主義的生產方法下，起了革命的作用，只因為它破壞了私有制度的形式，國家的政治制度在這穩固的基礎上，以同一的形式不斷地再生產起來。在亞洲形式下的高利貸制度，可以存在得很久，除經濟的沒落及政治的更迭以外，沒有招引別的東西。只有當那個地方有資本主義生產方法的其他條件擺在面前，那個時候，高利貸者在那個地方，才是創立新生產方法的工具之一，它一方面使封建主及小生產者破產，另一方面把勞動條件集中起來，並把它們變為資本。"（《資本論》，譯文引自《亞細亞生產方法》《封建制度》《農奴制度及商業資本之本質問題》一六二頁）

　　明白了這些原理，就懂得中國在閉關時代未發展到資本主義，是毫不足怪的事。

第二章　帝國主義與中國經濟的影響

第一節　帝國主義侵入中國的原因及其過程

　　近代中國經濟底變化，主要的是帝國主義侵入的結果。所以我們研究中國近代經濟底發展，應該論到帝國主義對於近代中國經濟的影響怎樣。

　　近代帝國主義底發生，是資本主義經濟發展底結果。而資本主義經濟底成立，乃是產業革命底結果。所謂產業革命，便是指從手工生產進到機器生產，從家庭生產進到工廠生產的一種變化。這種產業革命，首先起於英國。當十八世紀時代，英國底海外貿易非常發展，當時的舊式生產方法已經不能滿足海外市場底需要。改良生產方法，增加生產，成了當時普遍一致的要求，要求最迫切的，是紡織工業方面。所以產業革命先起於紡織工業。在十八世紀下半期，英國繼續不斷地發明了許多紡織機器，與瓦特發明的蒸氣機關相結合，使整個紡織工業發生根本的變化，形成機器生產的工廠制度。隨後這種變化，波及於一切生產部門。近代資本主義的經濟制度，便由此成立起來。英國底資本主義制度一成立，不久，法德等國也就相繼發生產業革命，成立資本主義制度。到了十九世紀上半期，歐洲重要國家，都已先後成立資本主義的經濟制度了。

這種資本主義的經濟制度，是一種商品生產的制度。社會底財富，大部分採取商品的形式。同時，社會底生產機關，完全操在少數人手裏。大多數人因為得不到生產機關，只有出賣自己底勞動力，替別人勞動。於是社會便形成兩大階級：一方面是佔有生產機關的資產階級，另一方面是出賣勞動力的勞動階級。資產階級利用勞動階級底勞動力，在他們底生產機關中從事商品生產。這種商品生產底目的，是要從勞動者身上搾取剩餘價值，即賺得利潤。勞動者生產商品越多，資本家賺得的利潤也就越多。所以資本家便盲目地去增加商品生產，以便多多取得利潤。

但是商品生產，是一種市場生產。沒有市場，商品生產便不能進行。換句話說，商品沒有銷路，便不能繼續生產下去。所以尋求市場，擴張銷路，是商品生產底一個內在的要求。因此，國內市場，不能容納那些生產出來的商品時，便要向國外發展，覓取國外市場。這便是近代資本主義國家以強力侵入落後的國家強迫通商的原因。非洲、美洲、澳洲、亞洲等落後的地方，都漸次成為歐洲先進資本主義國家銷售商品的市場。同時，生產商品必須有豐富的原料，而生產原料的利益，遠不及生產工業品利益之優厚。所以各先進資本主義國家，多不肯自己生產原料，而欲在落後的國家或地方覓取原料。因此，亞、非、美、澳等落後的地方，又成為各資本主義國家搜求原料的場所。亞、非、美、澳等大多數地方底殖民地化，大都是由於各資本主義國家銷售商品、搜集原料的必要。各資本主義國家之侵入中國，亦是由於這種必要。

近代歐洲各國，最早與中國通商的是葡萄牙。一五一七年（明正德十二年）葡萄牙人率船泊於澳門，要求通商，開了中國與歐洲各國直接通商底先河。其後有西班牙人、荷蘭人相繼來中國貿易。
一六三七年（明崇禎十年），英人至虎門與守兵激戰，結果允許英人
通商。到了十九世紀初葉，中外通商漸盛，尤以英國商業為最發達。
當時英國底資本主義經濟制度早已確立，生產已經非常發達，且已
取得印度為殖民地，而印度又以出產鴉片著名，鴉片貿易利益甚厚，
故英國商人以多量鴉片及其它商品輸入中國，欲在廣大的中國擴張
它底銷路。然而鴉片是一種毒物，其為害之烈已漸次為人們所知悉；
因之清廷亦有禁止鴉片輸入的意旨，尤以湖廣總督林則徐堅持最力。
一八三八年（道光十八年），林則徐受命查辦廣東海口事務，勵行禁
止鴉片。翌年，沒收英商所有鴉片二萬二百八十三箱，全部燒燬。
於是英國艦隊便藉口進犯廣東海口，因林則徐有備，不得逞。乃於
一八四〇年（道光二十年），改攻浙江，陷落定海，圍困寧波；於一
八四二年（道光二十二年），攻陷乍浦、吳淞，進逼南京。清廷無
奈，只得屈服求和：於一八四二年八月，與英國訂立《南京條約》，
為中國對外締結不平等條約底起源。其重要條項有四：（一）開放廣
州、福州、廈門、寧波、上海五口為商埠，允許英人住居貿易；
（二）賠償二千一百萬兩；（三）制讓香港給英國；（四）協定海關
稅率。從此，英國便利用香港為侵略中國的根據地，並能利用協定
關稅的武器以控制中國工商業，同時在各通商口岸得購買或租借土
地以建築房屋，不久便形成租界。在《南京條約》訂立後的第二年
（一八四三年），又與英國訂立《虎門補遺條約》，除規定值百抽五
的關稅外，並規定片面的最惠國待遇和領事裁判權。翌年，美、法
二國，亦與中國訂立通商條約。其條文內容，大體與《南京條約》
及《虎門條約》差不多。其後，比利時、瑞典、挪威等國，亦相繼
與中國訂立同一性質的條約。從此，歐美各國輸入中國的商品便一

天一天地增加，各資本主義國家侵略中國的基礎便漸漸築成了。

在一八四二年《南京條約》成立以前，歐美各國雖然已經與中國通商，但那時通商範圍很狹，只在廣州一處貿易，因之貿易數量亦很小，對於中國經濟還沒有重大的影響。但是自從《南京條約》成立以後，情形便大不相同了。鴉片戰爭底發生和《南京條約》底成立，完全是因為當時英國底資本主義經濟已經十分發達，剩餘的商品充滿國內，非求發洩的地方不可。英國底首先侵略中國，強迫中國訂立不平等的《南京條約》，便是要想把中國放在它底勢力支配之下，永遠做它銷售商品搜括原料的場所，以維持其資本主義底繁榮。隨後，歐美各重要國家底經濟，都先後資本主義化，都有覓取市場擴張銷路必要。因之外國底商品，便大批地輸入到中國來。中外貿易底關係也就日益密切起來。落後的中國經濟，也就漸漸商業化了。到了一八五八年（咸豐八年），英、法聯軍攻陷大沽礮台，強迫中國訂立《天津條約》以來，歐美各國底對華經濟侵略，更有了深一層的保障。英、法聯軍侵入中國的結果，除割地（割讓香港對岸的九龍一角給英國）賠款（英、法各八百萬兩）外，還增開天津、漢口、九江、鎮江、南京、牛莊、芝罘、台灣、潮州、瓊州、淡水等處為通商口岸，並許外國商船軍艦自由航行各通商口岸，為內河航行權喪失底開端。天津、上海、漢口三處底外國租界，也從此劃定。關於領事裁判權和協定關稅，亦有進一步的規定。領事裁判權底範圍，比以前更為擴大；關稅方面，還有只須繳納子口半稅值百抽二、五後沿途概不重徵的規定，此外，還有允許外人傳教自由的規定，教士無論在內地何處得為傳教租買土地建造房屋。於是歐美各資本主義國家，便更以通商口岸和租界為根據地（英國還有香港、九龍等割讓地為根據地），以協定關稅和領事裁判權為護符，以教士為偵探和宣傳員，以本國船舶裝載商品，自由銷行於中國內地了。不久，英國底粵港澳輪船公司、太古輪船公司及怡和輪船公司，均相繼成立。英國底麥加利銀行及匯豐銀行，亦先後在中國境內設立分行。從此，英國底對華經濟侵略機關，便漸漸完備了。歐美各資本主義國家，以英國為領袖，一齊向中國實行經濟侵略了。中國底進出口貿易，完全操在歐美各國商人底手裏，而以英國商人底勢力為最大。

可是直到中日戰爭為止，歐美各國底商品已有大量的輸入（在一八九三年輸入商品總值已達一億五千萬兩以上；輸出入貿易總值已達二億六千餘萬兩），使中國經濟商業化的程度逐漸增加，但對於中國社會底經濟結構，還沒有引起根本的變化。那時英、美、德、法等國底資本主義經濟組織雖已經完全成立，全世界大多數國家和地方都已經受資本主義經濟底支配，亞、非、美、澳大多數地方都已經殖民地化；但是世界資本主義經濟，還在工業資本主義的階段，金融資本還沒有完全取得支配的地位，奪取殖民地的目的，還以銷售商品、搜括原料為主。因此，歐美各資本主義國家對於中國的經濟侵略，也就以輸出商品、換取原料為主要目的。商品底交換和流通，自然可以影響一個社會底經濟制度，但還不能根本變革一個社會底經濟結構。所以歐美各國商品底輸入，雖然是逐年增加，破壞中國一部分舊式的生產制度，使中國人民底生活起了相當的變化，但在大體上，中國社會還能維持舊來的經濟制度，大多數人民底生活還能保持原來的狀態。但是這種情形，到了中日戰爭之後便大不相同了。

一八九四年、一八九五年中日戰爭，將中國多年訓練成功的北洋海軍完全毀壞，以一個向來"夜郎自大"的大國，竟敗於"蕞爾小島"的日本手裏，賠款二億三千萬兩，陷中國財政於破產之境，使中國人民底生活為負擔巨額的賠款而大行降低，使中國政府從此不敢再有反抗列強的意志。同時，歐美各資本主義國家，已經完全發展到帝國主義的階段，銀行資本已與工業資本融合而成金融資本，對外不但要輸出商品，而且有輸出資本的必要。因為資本主義的商品生產是一種特殊的商品生產，不斷地追求剩餘價值和利潤，因之不斷地增加商品，不斷地增加資本。各個資本家都抱着同樣的目的，因之資本家相互之間便發生競爭。競爭底結果，小資本家失敗，大資本家勝利。社會底資本和生產機關，越益集中於少數大資本家手裏。到了十九世紀末葉，且集中於少數銀行家手裏。許多企業實行縱的和橫的聯合或合併，形成託辣斯、迦特爾、辛狄嘉等等集中的企業組織。這些集中的企業組織，又受少數大銀行底支配。於是自由競爭的資本主義制度，便變成獨占的資本主義制度，也就是發展到帝國主義的資本主義。這種資本主義，不僅是對內要實行獨占，就是對外也要實行獨占；不僅商品有剩餘，對外要輸出過剩的商品，就是資本也有剩餘，對外要輸出過剩的資本。對外獨占和輸出資本，都非有一種強大的武力為後盾不可；因此各帝國主義國家，都積極擴充軍備而形成軍國主義的國家。而且這時鋼鐵工業已經非常發達，更加助長這種傾向。中日戰後的中國，便處在這種國際形勢之下。所以各帝國主義國家，目擊中國底積弱無能，便一齊向中國實行積極的侵略政策了。近代中國經濟底根本變化，便是中日戰爭以後各帝國主義國家積極侵略中國的結果。

一八九八年，德國首先佔領膠州灣，強迫中國承認膠州灣底租借權，並獲得膠濟鐵路底敷設及鐵路沿線礦山底採掘權。於是俄國援例要求租借旅順、大連灣，並得延長東清鐵路至旅順、大連灣。

法國租借廣州灣，獲得滇越鐵路敷設權，並與中國約定不得以兩廣雲南割讓於它國。英國租借威海衞及九龍半島全部，並約定不得以長江流域割讓於它國，且取得延長緬甸鐵路於雲南的權利。日本亦與中國約定福建不得割讓於它國。這些都是一八九八年及一八九九年所發生的事件，亦就是各帝國主義國家準備瓜分中國的初步，當時德國想以山東為根據地，漸次伸張勢力於中原各地。俄國想從北方西伯利亞及中央亞細亞侵入滿、蒙、新疆，以至於華北各地。法國想以安南及廣州灣為根據地，侵入雲南兩廣，並延長勢力於四川。英國則以中部揚子江流域為勢力範圍，想在揚子江一帶壟斷貿易底利益；在南方想以香港及九龍半島為根據地，與法國爭奪兩廣底支配權，並欲由緬甸侵入雲南和四川，而與法國底利益相衝突；在北方則欲以威海衞為根據去阻止俄國勢力底南下，並欲憑藉京奉鐵路（京奉路係借英款築成）伸張勢力於東三省，而與俄國底利益相衝突。因此，英國在南方與法國協定平分利權，在北方與俄國商妥鐵路協定，以緩和雙方的衝突。從此，中國底重要地方，都成為英、俄、德、法、日本等帝國主義國家底勢力範圍。當時的中國，已經到了瓜分底前夜。於是美國帝國主義者眼睜睜地看着自己得不到利益，便起來說話。於一八九九年九月至十二月，依次向各國提議中國底門戶開放及機會均等主義，要求各外國人民即使在列強底勢力範圍內也有通商航海上完全均等的待遇。英、俄、德、法、日本等帝國主義國家，亦因為彼此利害衝突，不好公然反對，都只得先後表示贊同了。中國底免於瓜分，完全是列強帝國主義勢均力敵互相牽制的結果。然而中國在形式上雖沒有被帝國主義者所瓜分，在實際上的運命，却與瓜分差不了好多。因為從此之後，列強帝國主義在中國的勢力日益增加，漸次造成根深蒂固的基礎而莫能動搖。中國底經濟和政治，完全受列強帝國主義底支配，甚至在教育和思想方面，亦有帝國主義者底龐大的勢力。整個兒中國，完全殖民地化。到了一九〇〇年義和團暴動失敗以後，更確定了這種運命。

自從一八九五年中日戰爭失敗以來，列強帝國主義者，除了奪取港灣和劃定勢力範圍外，競爭得最劇烈的是關於鐵路和礦山的利權。各帝國主義國家，為銷售商品、採集原料、擴充勢力範圍及輸出資本的必要，爭欲在中國敷設鐵路。他們或強迫中國政府允許他們在中國境內建築鐵路，如俄國之於東清鐵路、法國之於滇越鐵路；或強迫中國政府借款興築鐵路，如京奉（北寧）、京漢（平漢）、津浦等鐵路。中國現存的大部分鐵路，都是帝國主義者為自己底需要，直接興築或強迫中國築成的。各帝國主義國家取得鐵路建築權，往往同時便取得鐵路沿線礦山底採掘權。別方面，亦有因為取得礦山採掘權而要求礦山附近鐵路底建築權的。自然亦有一部分礦山採掘權與建築鐵路權沒有關係。總之，投資鐵路和礦山是中日戰爭以後十餘年間各帝國主義國家對華侵略的主要目標。各帝國主義國家，為實行這種投資，乃紛紛在中國設立各種投資機關。各國在華的代表的銀行，除英國早已成立外，其餘都是在中日戰爭不久以後為投資的必要而成立的。同時，中日戰爭底結果，外人取得在華設立工廠的權利；因之各國便先後在中國設立各種工廠，最先着手的是紗廠。此外，各帝國主義國家，還有以政治的目的借款給中國，以擴張自己底政治勢力。而義和團事件底賠款四億五千萬兩，亦足以增加各帝國主義國家在中國的經濟上和政治上的勢力。從此，列強帝國主義底勢力，便侵入於中國底全部經濟生活。中國底經濟結構，亦漸漸發生根本的變化而起革命的作用。到了現在，中國底經濟結構，一方面是日益資本主義化，另一方面也就日益隸屬於世界資本主義的經濟系統。

　　從上面所說的情形看來，可知列強帝國主義侵略中國的目的，主要的有三個：第一，是輸出商品；第二，是搜括原料；第三，是輸出資本開闢商埠，取得租界和租借地劃定勢力範圍，設立領事裁判權和協定關稅，管理稅關和稅收。以及在華設立教會、學校、醫院及其它一切文化的或慈善的機關，都不過是為達到這三個目的的手段。所有一切帝國主義者在中國的設施，都不會是為了中國民眾底利益。各帝國主義國家對待中國的態度，雖有強硬和溫和的分別，而其真實的目的是沒有兩樣的。各帝國主義國家侵略中國的手段，雖然因時因地而有種種的不同，但其動機是一樣的。軍事的和政治的侵略是其外表，經濟的侵略才是它底內容。所以認識帝國主義者底經濟侵略，是比一切都要重要的。

第二節　中國經濟在帝國主義侵入後所起的變化

　　現在我們且來總括地看一看列強帝國主義對華經濟侵略的情形，先從輸出入貿易上看起。本來國際貿易，是近代經濟制度之下必然產生的現象；在某種意義上，雙方都有利益，並不一定含有侵略的性質。但是先進國家與落後國家底貿易，在資本主義的經濟制度之下，必然地帶有侵略的意義。因為先進國家以其進步的生產方法所生產的商品（多半是工業品）賣給後進國家，再向後進國家購買廉價的原料（多半是農產品），必然要在其中賺得異乎尋常的利益。後進國家底商品價格，往往要由先進國家來決定；而先進國家卻可以自由決定其商品底價格（自然，這裡也要受一般經濟法則底支配）。

因此，後進國家與先進國家貿易，往往處於不利的地位。中國是一個經濟落後的國家，與先進資本主義國家貿易，當然亦難逃此例。何況中國底進出口業，幾乎完全操在外國帝國主義者手裏，帝國主義者不但明瞭本國市場底情形，並且明瞭中國市場底情形；而中國商人却不明瞭外國市場底情形，甚至不明瞭本國市場底情形。因此，中國在國際貿易上，更加處於不利的地位。加以目前外國輸入中國的商品，多半已成為中國民衆必不可少的物品；而中國輸出外國的商品，却不一定是外國所絕對必要的。所以各帝國主義國家底對華貿易，亦就帶有侵略的意義，構成對華經濟侵略底一個重要的部分，而且是一個根本的部分。自從一八六四年以來，中國底對外貿易，只有一八六四年及一八七二年至一八七六年，輸出超過輸入，其餘都是輸入超過輸出。在這六十七年中，出超不過二千七百萬兩，入超却有五十六億四千萬兩，尤以去年（一九三〇年）入超額為最大，竟達四萬萬兩以上，這種每年入超的結果，使中國底手工業及家庭工業日趨破產，農村經濟日趨崩壞，窮苦失業的民衆日益增加。同時，輸出入貿易總額，亦有日益增加的趨勢。自從一九一七年以來，中國底輸出入貿易總值，總在十億兩以上。最近三年來，已達二十億兩以上。這種對外貿易額底增加，便是表示中國經濟日趨商業化，中國經濟日益隸屬於世界經濟而受列強帝國主義底支配。列強帝國主義者，一方面在中國市場上銷售他們底商品，另一方面又在中國各地搜括他們所必需的原料，以維持其國內的資本主義經濟，達到他們以通商的方法對華實行經濟侵略的目的。這種經濟侵略，以日、英、美三個帝國主義國家底勢力為最大。近代中國民衆底經濟生活底變化，與這有密切的關係，而且有這一個主要的動力。

其次，再來看一看列強帝國主義對華投資情形。自從中日戰爭以來，列强帝國主義者底對華投資進行得非常猛烈。他們有時互相競爭，各自進行；有時互相妥協，一致行動。在歐戰期中，以日本底對華投資最為活躍。近來的對華投資，亦還是年有增加。他們投資底形式，有直接和間接之別。直接的投資，就是在中國設立銀行、開辦工廠、建築鐵路、採掘礦山以及創辦輪船公司等；間接的投資，就是借款給中國政府或私人團體。這兩種投資，都可以獲得巨大的利益。列强帝國主義底對華投資，一則可以輸出國內過剩的資本，二則可以獲得本國所不能獲得的特別利益。尤其是間接的投資（卽借款），一轉手間便可以獲得巨大的利益。這種投資底利益甚多：第一，利息高於帝國主義本國，普通常在七八厘之間，甚至有高至一分五厘者（例如一八七七年匯豐銀行底五百萬兩借款）；第二，有巨大的回扣，通常是百分之十甚有高至百分之十九者（如一九一四年中法實業銀行底一萬萬佛郎借款）；第三，多有重要可靠的擔保品，如關稅、鹽稅、厘金及鐵路等，由此可以監督中國底財政和鐵路；第四，鐵路借款還可以享受巨大的紅利（普通是二成）或特別報酬，政治借款還可以取得政治上的特殊權利；第五，鐵路借款還可以取得供給鐵路材料的優先權以及任用總工程師及會計主任的權利；第六，經手借款的銀行還可以取得相當的手續費（普通每千元取二元五角）；第七，經手借款的銀行還可以故意高抬匯費，使中國政府借款時少收入些，在還債時多付出些（例如從一九二一年至一九二五年，中國政府所還外債因匯豐銀行故意抬高外匯行市而多付一百八十九萬兩）。因此，中國底許多借款，實際上所得到的，往往與名義上的數目差得很遠。例如一九一三年袁世凱政府底善後大借款，名義上是二千五百萬鎊，實際上只收到二千零九十七萬鎊。這種間接投資利益底優厚，卽此可見一斑。後來關鹽二稅底管理權落在外國銀行底手裏，也是由於這種借款的關係。中國底主要財源關鹽二稅底收入，大部分都是充當償還外債之用。自從一八九四年中日戰爭以來，中國政府所借的外債約在二十億元以上，其中以借自英、日二國的為最多。現在中國每年單是由關稅項下撥付外債本息已達一萬萬元以上，單是財政部有担保外債未償還額還有十三億元以上。其他交通部所借的外債及無担保的外債，還不在內。總計全國現在未償還的外債，大約還有二十億元左右。中國政府底財政，因有這些外債而難以整理；中國民眾底生活，因有這些外債而日益困苦。列強帝國主義所借給中國政府的債款，多半是政治的性質，以供賠款、軍費、政費等用途。有些雖名為實業借款，實際上也是政治借款。這種借款，對於中國底經濟，只有破壞的作用，絕沒有一點建設的作用。只有一部分鐵路借款，真正用於建築鐵路，對於中國底社會經濟起了積極的作用。那些借款築成的鐵路，才是推動近代中國經濟結構發生根本變化的主要動力。

如今再來講一講列強帝國主義對華直接投資的情形。列強帝國主義者底對華直接投資，一方面促進中國資產階級底覺悟，引起中國經濟結構底變化；另一方面使中國經濟與世界經濟底關係更形密切，使中國經濟成為世界資本主義經濟底一部分。這種投資，大都起於中日戰爭以後。到了現在，差不多中國底一切新式企業中，都有列強帝國主義底勢力。中國境內的鐵路，大部分是借外國資本築成的，一部分是由帝國主義者直接投資築成的。所以在鐵路方面，列強帝國主義者有很大的勢力，尤其是在東三省有絕對優越的勢力。中國底新式航業，大部分操在列強帝國主義者手裏。英國和日本在中國所設立的輪船公司，支配了中國底航業。在電報、電話、航空等交通機關中，亦有帝國主義者底直接投資。中國底礦業，煤礦大部分在英、日二國手裏，鐵礦幾乎完全在日本帝國主義者手裏，其他礦業亦多有外國資本底侵入。中國最大的工業紡紗業，日、英二國帝國主義者便有一半的勢力。鐵工業大部分在日本帝國主義者手裏。在電氣業和烟草業中，帝國主義者底勢力都占一半以上，其中大部分是屬於英國底投資，在麵粉業、搾油業、火柴業、造船業、印刷業、玻璃業、肥皂業及製革業中，亦有外國資本底侵入。尤其是日本帝國主義者底勢力，差不多侵入於中國一切工業甚至小工業中。在中國底銀行界，外國銀行亦有一半以上的勢力，其力量足以操縱中國底金融，其中以英、日、美三國銀行底勢力為最大。至於列強帝國主義者在中國境內所設立的洋行商店，則更是普遍於中國各通商口岸，尤以日本和英國所設立的為最多。據《海關貿易總册》所載，一九三〇年外國在華的商號達八千家以上。這些商號，壟斷了中國底對外貿易，中國底進出口貿易幾乎完全握在它們底手裏。在東三省方面，甚至農業和林業中亦有日本帝國主義者底投資。總之，列強帝國主義者底直接投資，差不多普及於中國底一切企業。在幾種重要的企業中，都占了優越的地位而有支配的作用。只有較小的不易賺錢的企業，還沒有看見帝國主義者底投資。帝國主義者這種直接投資的結果，一方面使中國底舊式企業日趨崩壞，新式企業日漸發達，同時又使中國底民族企業受了相當的阻礙而不易發展。其中最重要的結果是引起中國經濟底根本變化，降低中國民衆底生活水準。有了這種帝國主義者底直接投資，才推動中國資產階級起來興辦各種新式企業，逐漸引導中國經濟向着資本主義的路上發展；同時中國大多數民衆，便因此破產、失業、貧窮化、土匪化、乞丐化、奴隸化。但是帝國主義者却由此獲得巨大的利益，無論在什麼企業中都能取得他們底額外利潤。例如日本在華的紗廠，英美烟草公司，英國底開灤煤礦和日本底撫順煤礦，英國和日本在中國航行的輪船公司，都常常賺得巨額的利潤而一天一天地趨於發展。尤其是外國在華的銀行，既可以吸收中國巨額的存款，又可以操縱中國底國際匯兌，其利益之優厚更是驚人。例如匯豐銀行，其資本不過二千萬元，竟有公積金一億三千萬元，每年純益二千萬元，多於中國二十六家主要華商銀行底公積金和總純益。就是帝國主義者直接投資經營的鐵路，其獲利之厚亦足驚人。南滿鐵路一年所得的益利，竟超過中國全國國有鐵路一年所得的總盈利。所以帝國主義者因這種投資而日趨富裕，中國民衆卻因這種投資而日趨貧窮。中國民衆底貧窮，造成了帝國主義者底當裕。

這樣看來，可知近代中國底經濟，完全是受列強帝國主義底支配。帝國主義者以對華輸入商品和輸入資本的方法，變革了中國底經濟結構和經濟生活。帝國主義者為遂行經濟侵入，在中國設立種種機關，採行種種方法，以圖擴張他們底商品底銷路，搜集他們所必要的原料，從事各種直接間接的投資。他們底這些行動，彼此都有密切的關係。他們一方面把本國剩餘的商品賣給中國，另一方面便以賣貨的代償在中國購買他們所必要的原料。他們輸入中國的商品總是超過中國向外輸出的商品，因之他們底貿易所得，每年都有剩餘。他們把這些剩餘的資金，大部分仍舊投資於中國，或者借款給中國政府，或者自己在中國興辦各種企業，以增加他們底利益和資本。他們底對華貿易和對華投資所賺得的利益越多，他們在中國經濟組織中的勢力也就越大，中國經濟受外資支配的程度也就越大。他們在華設立的各種企業，自己形成一個系統，實行分工合作的辦法。其中最重要的機關，是他們在中國設立的銀行。這些銀行，一方面是一種對華投資的機關，進行各種直接間接的投資；另一方面亦是一種扶助對華貿易的機關，調劑中外貿易，操縱國際匯兌。凡是帝國主義者有關係的鐵路、航業、礦業、工業和商業，都要受這些銀行底幫助，以這些銀行為中心來活動。至於帝國主義者底對華借款，那差不多完全是這些銀行所包辦的事業。列強帝國主義以這樣整個的經濟系統來侵略中國，以銀行為領袖。因之中國底經濟、政治、財政以及一般民衆底生活，都要受帝國主義底支配。帝國主義在中國經濟生活、政治生活及一般社會生活中，成了一個重要的要素而且是基本的要素。帝國主義與中國經濟完全打成一片，結成一個有機的關係。中國農村經濟底崩壞，手工業和家庭工業底破產，近代企業底勃興，官僚資本底形成，商業資本和銀行資本底發展，工商業都市底成立，大多數民衆生活底貧窮化和奴隸化，農村人口底大批流入都市，近代無產階級底產生以及兵匪流氓底日益增加，這些都是帝國主義侵入中國引起中國經濟變動的結果。帝國主義為了自已底必要，有意識地無意識地促進中國經濟底變化，推動中國經濟底資本主義化，而置於自己底支配之下。

第三章　中國近代企業的發展過程

第一節　兩個主要時期

　　中國近代企業底發展，不過是六七十年來的事，嚴格地說起來，不過是中日戰爭以後三四十年來的事。這六七十年來的期間，據我看來，可以分為兩個主要時期，卽一八九五年中日戰爭以前為近代企業萌芽時期，中日戰爭以後為近代企業勃興時期。

　　在中日戰爭以前，各資本主義國家，雖然已經開始侵略中國，輸入商品，並且以武力戰勝中國（如鴉片戰爭、英法聯軍之役）但是根本上還是採取和平的政策，而以開闢商埠、實行通商、輸入商品為主要目的。因此，各資本主義國家，便沒有積極在中國發展近代企業。同時，中國底官商資產階級，也還沒有了解中國衰弱底根本原因，多半還只知道外國軍器底厲害，主力集中於興辦軍用工業，想藉軍用工業來雪恥圖強。

　　但是中日戰爭一失敗，形勢便大不相同了。那時各資本主義國家底經濟已經發展到帝國主義的階段，由輸出商品的必要，進到兼有輸出資本的必要，而且帶了武力侵略的性質，勢非積極向外發展不可。恰好中國在中日戰爭中完全暴露出積弱無能，予以可乘的機會。於是各資本主義國家，便積極在中國施行其帝國主義的政策：奪取重要港灣，劃定勢力範圍，建築鐵路，開採礦山，興辦工廠，設立銀行，擴張航業，直接間接輸入資本，無一不積極進行。這樣便促進中國近代企業底發展。在別方面，中國底官商資產階級，目擊中日戰爭底失敗，逼得漸次放棄武力復仇的念頭；同時看到各資本主義國家底經濟侵略，亦就漸漸懂得創設近代企業的必要而以振興實業為要務。因此，從中日戰爭以後，中外資本家所創辦的近代企業，就漸漸有了根基，不像中日戰爭以前大部分歸於失敗了。

所以我們研究中國近代企業底發達過程，認定中日戰爭是一個重要關鍵。我們底區分時期，便以此為根據。

第二節　近代企業萌芽時期

從一八六二年曾國藩在安慶創設軍械所起，到一八九四年中日戰爭時止，為中國近代企業底萌芽時期。這時期又可分為下列兩個小時期：

一、軍用工業時期——起於一八六二年（同治元年），迄於一八八一年（光緒七年）。

二、官督商辦時期——起於一八八二年（光緒八年），迄於一八九四年（光緒二十年）

茲分別說明如下。

一、軍用工業時期

中國近代企業底發生，可以溯源於軍用工業。而軍用工業底發生，一則是因為鴉片戰爭及英法聯軍之役，使腐敗的滿清政府飽受了槍礮兵輪底威脅，知道自己底軍器遠不如人；二則是因為清廷掃滅太平天國底革命運動，全虧有了西人槍砲輪船底幫助而成功，因而認識西式軍器底銳利。當時的統治階級尤其是所謂中興名臣（曾國藩、左宗棠、李鴻章輩），以為中國衰弱底原因是在於軍器不良，中國舊式的軍器不能與西式軍器相抗；只要中國亦一樣地倣照製造西式軍器，便不會再打敗仗了。因此，陸續在各地創設造船廠、兵工廠，輸入製造軍器的機關和技術人才，造成了中國底軍用工業。這軍用工業時期頗長，自一八六二年至一八八一年，大約繼續二十年間。這時期底重要企業，列表如下。

一八六二年	曾國藩於安慶設軍械所，製造各種軍器及輪船
同年	李鴻章在上海及蘇州設製造局，鑄造大礮
一八六三年	曾國藩派容閎赴美採辦機器洋鐵（後併入江南製造局）
一八六五年	曾國藩設江南造船廠於上海
同年	英商粵港澳輪船公司成立，為外人在華設立輪船公司的開端
一八六六年	左宗棠設船政局於福州
一八六七年	崇厚籌備天津機器局
同年	李鴻章在上海設江南製造局，以虹口西人機器廠及原有兩製礮局合組
同年	李鴻章設金陵機器局
同年	滙豐銀行在上海設立分行
同年	英商中國航業公司（太古公司）成立
一八六九年	福建機器局購機建廠
同年	李鴻章籌劃擴張天津機器局
一八七二年	中國輪船公司招商局成立，為華輪底始祖
一八七六年	英商所築的淞滬鐵路通車，旋即收回拆毀
一八七七年	丁寶楨奏設四川機器局（即今成都兵工廠）

續表

同年	英商印度中國航業公司（怡和公司）成立
一八七八年	左宗棠在甘肅省城南關外設立織呢機器廠，聘用德國技師
同年	李鴻章在天津設立開平鑛務局，為中國興辦鑛業的開始
一八七九年	李鴻章在天津大沽間試辦電報，為中國創設電報的開始
一八八〇年	李鴻章發起創辦嶧縣煤礦
一八八一年	吳大澂設立吉林機器廠
同年	中國自築的唐胥鐵路告成，為北寗鐵路底始基，亦卽今日全國鐵路底始祖
同年	英商東洋電話公司在上海租界創設電話，為中國電話底起源

以上所述，都是軍用工業時期底重要企業，大部分是軍用工業。這些軍用工業，都是由官僚所創辦，由官僚來經營的，所有機器和技師，完全仰給於外國，又不注意養成本國的技術人才。加以那些担負經營責任的官僚，絲毫不懂得軍用工業底精神，而只認為一種肥差美缺，只知道儘量搜括以飽私囊。因此，雖有此種軍用工業，而對於軍事仍無什麼補益。後來中法戰爭、中日戰爭底敗北，義和團事變八國聯軍底入京，充分暴露了此種軍用工業底失敗。到了辛亥革命以後，國內統一破壞，這些兵工廠，反成了各地軍閥爭奪的目標，而為助長內亂的一個禍源了。

二、官督商辦時期

上述的軍用工業，都是官辦的。初期的商品工業，亦是官辦的；後因成績不良，乃改為官督商辦。這種官辦及官督商辦的商品工業時期，從一八八二年至一八九四年，約十三年。在前一時期，雖有左宗棠在甘肅設立織呢機器廠（一八七八年），除製造軍用品外，還製造那作普通衣料的呢絨，開了官辦商品工業底先河；但那時所辦的工業，除此以外，全是軍用工業，而且甘肅地處邊陲，不能引起人們注意。至於這一時期，雖然也曾創辦了一些軍用工業，但為主的是一般商品工業。從一般工業的見地看來中國底近代工業，可以說是從這一時期開始的。這一時期，已從軍用工業時期進到一般商品工業時期了。

原來中國自從訂立《南京條約》（一八四二年）、《天津條約》（一八五八年）以來，一方面開闢了許多商埠，另一方面亦就輸入了許多用機器製造的舶來品。這些舶來品，日益壓迫中國原來的手工業及家庭工業的生產品，使其一天一天處於不利的地位。於是官商資產階級，便想創辦利用外國機器製造的新式工業，以免利權之外溢。其中尤以棉紡織業最為人們所注意，最早成為企業底目的。一則是因為棉紡織品輸入數量較多，二則是因為其原料棉花為國內所固有。但這些事業，無論就規模上說或就內容上說，都非舊日手工業者及家庭工業者所能舉辦。所以中央及地方政府，首先投下大部分資本，並勸官僚鉅商出資，以為之倡。經營此等事業的，亦都是官僚。

這時期底重要企業，列舉如下。

一八八二年	李鴻章奏請在上海試辦機器織布局
一八八三年	上海商人祝大椿在上海設立源昌機器五金廠（資本金十萬元）
一八八六年	張之洞在廣東設立繅絲局
一八八七年	張之洞奏請在廣東設立機鑄制錢局及銀元局
同年	李鴻章於天津機器局購機鑄造制錢，定名寶津局，又於保定設廠
同年	唐炯創辦雲南東川白錫臘銅礦
同年	李鴻章提倡開辦熱河四道溝銅礦
一八八八年	貴州鎮遠府青谿縣設立煉鐵廠，由官商合股
一八八九年	張之洞在廣東奏設織布局及製鐵廠，向英國定購化鐵鑪兩座

續表

同年	李鴻章提倡開辦黑龍江漠河金礦
一八九〇年	上海紡織新局成立，由官商合辦（即今之恆豐紡織新局）
同年	張之洞奏准將前年在廣東定購的織布機化鐵爐移到漢陽，設立漢陽鐵政局（即今之漢陽鐵廠）
同年	在漢陽設立鎗礮廠（即今之漢陽兵工廠）
一八九一年	上海道台唐松岩在上海設立機器紡紗局，由官民合辦
同年	開辦大冶鐵礦
一八九三年	張之洞在武昌設立織布紡紗製麻繅絲等四局，後更名湖北紡紗織布官局（今由民生公司租辦）
一八九四年	李鴻章奏設籌備將成的上海機器織布局，於去年被焚。於茲年由李鴻章奏派盛宣懷重辦機器織布局，因募集民間資金不能如意，改設華盛紗廠（現已改為申新第九紡織廠）
同年	湖北成立聚昌盛昌等火柴公司，大部分為官辦

　　這些官辦的及官督商辦的商品工業和礦業，與軍用工業一樣，差不多完全歸於失敗。以官僚和紳士為總辦的官辦工業，自己既無經營能力，完全聽信工程師經營。那些外國工程師，一點誠意也沒有，竭力排斥華人幹部參與工廠經營，並助長外國資本底流入，因而種下中國企業界底普遍禍根。例如湖北紡紗織布官局，因經營不得法，以致加入外資，成為後來的楚興公司。較有成績的招商局，後來有英國資本底侵入；漢冶萍煤鐵公司（漢陽鐵政局底後身），則有日本資本底侵入。

　　中國近代企業底創始者，既然是李鴻章、左宗棠、張之洞等大官僚，所以今日中國底新式企業，也還與官僚結有不解的姻緣。中國近代企業底遲遲發達，這亦是一個原因。

　　這時期還有一件事須附帶地提一下，即電氣業已於此時萌芽了。一八九三年，外人在上海租界創辦上海電力公司，開了中國電氣底先聲。

第三節　近代企業勃興時期

中國近代企業，從中日戰爭以後，才進入一個新的階段：各種新式企業，紛紛興起。中國資本主義底發展，從這時起，才有了重要的意義。中日戰爭底結果，於一八九五年與日本訂立《馬關條約》，允許外人在中國通商口岸有設立工廠的權利。從此，外人資本家便在上海及其它通商口岸紛紛設立工廠，而以棉紡織業為中心。礦業亦因外國資本底侵入而發達起來。中國資本家，受其刺戟，❶ 亦以其官僚資本和商業資本（為主是買辦資本）興辦新式企業。除棉紡織業外，繅絲、麵粉、烟草、玻璃、水泥等新式企業，均先後勃興，尤以歐戰時期為最盛。同時，新式交通機器的鐵路，亦相繼借用外資來興築，更助長了新式企業底發展。這可以說是內外資本家興辦實業的時期。這時期從一八九五年（光緒廿一年）中日戰爭告終時起直到現在為止；又可細別為下列三個小時期：

第一、外資侵入時期——從一八九五年至一九〇四年（光緒三十年）。

第一、民業抬頭時期——從一九〇五年至一九一一年（宣統三年）。

第三、自動振興時期——從一九一二年（民國元年）起迄於現在。

茲分別說明如下。

一、外資侵入時期

一八九四年、一八九五年年底中日戰爭，把中國底積弱情形完

---

❶　"戟"當為"激"。——編者註

全暴露出來了。於是帝國主義的列強，一致向中國侵略，要求種種特權，强迫借款建築鐵路，劃定勢力範圍，奪取礦山利權，設定租界和租借地，因而造成了瓜分中國的基礎。同時，《馬關條約》底結果，外人得在中國通商口岸設立工廠，一時英美日德等國底資本家，爭設工廠於中國境內，利用中國底賤價勢力和賤價原料，製造廉價的商品以出賣於廣大的中國市場。例如英國資本家底怡和與老公茂（於一九二四年賣給日本），美國資本家底鴻源（後為英人收買，又由英人賣給日人，改為日華紡織會社第一廠），德國資本家底瑞記（歐戰中歸併英國，改為東方；現又賣給中國，改為申新第七紡織廠）等紗廠，均於一八九五年成立。這是外國資本家在中國經營工業的初步。此外，英國資本家又於一九○○年在上海設立瑞鎔機器輪船工廠。在北方，則乘義和團事變底機會，將開平煤礦（後來與灤州煤礦合併，改名為開灤礦務局）拿到自已手裏來。日本在此時（一九○三年）則與大冶鐵礦締結了十年的購買鐵砂契約（規定鐵砂價格每噸三元，十年內不改價），開始侵奪大冶鐵礦底利權。

此種外資底侵入，一方面固然種下了永久的禍根，使中國民族企業受其壓迫而不能自由發展，另一方面亦有促成中國民族企業勃興的作用，使中國資本家在事實的教訓之前而不能不崛然興起。上海底大純紗廠（一九○二年被日本資本家收買，改為上海紡識公司第一廠），寧波底通久源紗廠（一九一七年被毀於火），無錫底業勤紗廠（現由復興公司租辦），均於一八九五年成立。蘇州底蘇綸，杭州底通益公（現歸三友實業社經營），均於一八九七年開辦。中國最有成績的紗廠南通大生紗廠及最大的印刷業商務印書館（初有日股，後來收回），亦於此時成立（前者成立於一八九八年，後者成立於一八九七年）。此外如孫多森在上海設立阜豐機器麵粉公司（資本一百萬元），朱志堯在上海設立求新廠（製造船舶機械，資本約六十萬兩，歐戰後改為中法合辦，資本增加到一百二十萬兩），北洋烟草公司在天津成立，山東博山及江蘇宿遷均有玻璃公司成立，這些都是本時期中重要的民族工業。還有，以前官辦的工業，也有因成績不良，而於此時改歸商辦的。一八九六年，張之洞奏准漢陽鐵廠由盛宣懷組織公司改歸商辦，便是最顯著的一例。總之，從一八九五年至一九〇四年，是外國資本家在中國積極興辦產業的時期，亦是中國資本家漸漸覺醒開始從事新式企業的時期。這一時期對於中國近代企業的底發展是有極重要的意義的。

這一時期還有幾件重大的事業須得說一說。平漢、汴洛、廣三、道清、粵漢、京滬、朝汕、株萍、中東、滇越、膠濟諸鐵路，均於本時期開工，廣三、膠濟和中東三線，且已於本時期內通車。萍鄉、撫順、焦作等煤礦，亦已於此時開採。中國最早的內國銀行中國通商銀行（官商合辦），亦已於此時（一八九七年）成立。中國政府所辦的大清郵政局，亦於此時（一八九六年）成立，為中國自辦郵政底開始。這些事業在中國經濟底發展上都是有很重要的意義的。

這一時期，政府已開始採取獎勵新式企業的政策。一八九八年，總理各國事務衙門規定獎勵新學新法章程：凡發明製造船械槍礮等新法者，頒特賞，專利五十年；發明日用新器者，給工部郎中實職，專利三十年；倣造西器之製法未流傳中土者，給工部主事職。專利十年。一九〇三年七月設置商部（一九〇六年改為農工商部），任載振為尚書，陳璧伍廷芳為左右侍郎。同年，商部奏定商律及公司註冊章程。這些都是滿清政府開始注重工商業的表現，也就是外資侵入底反響。

二、民業抬頭時期

這一時期從一九〇五年日俄戰爭時起，至一九一一年滿清政府滅亡時止，為中國政府最熱心獎勵工業的時期。亦即為民業抬頭的時期。中日戰爭底一敗塗地，八國聯軍底蹂躪北京，使滿清政府不得不拋棄武力復仇的念頭。同時突然增加鉅額的賠款負擔（中日戰爭賠款二億三千萬兩，義和團事變賠款四億五千萬兩），使國家財政陷於破產的境地。加以外國工商業底勢力，已隨鐵路底建築而更深入於中國內地，行將制中國經濟於死命。於是腐敗不堪的滿清政府，亦不能不有所覺悟，一方面放棄練兵圖強的主張，同時採取獎勵工商業的政策。因此，於前一時期末年，便已開始獎企新式勵業❶了。到了這一時期，因受日俄戰爭底刺激，民間收回利權運動底推動，乃更堅決地施行這種政策。一時提倡國貨的呼聲，洋溢於朝野，頗有振作的氣象。一九〇五年，又因美國禁止華工入國，民間有抵制美貨的運動。隨後，滿清政府為獎勵國產起見，又頒布了獎給商勳章程，商工科進士稱號章程，考驗遊學生章程、華商辦理實業爵賞章程等法規。商部又在北京、天津、武昌等處設立商品陳列所；在天津設立工藝總局、工業學堂、考工廠、實習工廠；在北京設立高等實業學堂，於農工商部工藝局附屬工廠內設置織布、刺繡、染色等十二科。一九一〇年，兩江總督端方，且在南京舉行規模宏大的南洋勸業博覽會。這些都是滿清政府獎勵工商業的政策。而這些獎勵工商業的政策，是受了當時民間收回利權運動底推動的。

　　在這時期，民間曾起了熱烈的收回利權運動。一九〇五年日俄戰爭結果，給予東亞各民族以重大的刺激。幾十年來列強帝國主義對於中國侵略，終於不能不引起中國民眾底猛烈反抗。義和團暴動雖因錯用了方法而失敗，但中國民眾反抗列強侵略的意志並沒有因

---

❶　"獎企新式勵業" 當為 "獎勵新式企業"。——編者註

此而消滅下去。不過下層民衆（主要的是農民）底反抗運動一時是停止了，起而代之的是上層民衆底反抗運動（主要的是紳商資產階級）。這些上層民衆底反抗，便表現成為所謂收回利權運動。這種運動是比較和平的，以採用經濟的方法為主，而以外交的方法為輔。爭得最起勁的，是關於鐵路的利權。當時滿清政府，已與列強訂立了許多借款興築鐵路的豫備契約，準備將鐵路利權送給列強。而中國紳商資產階級，則已感着借款興築鐵路的危險，一方面情願自己來集股來興辦鐵路，同時要求政府解除與外國締結的借款興築鐵路的豫備契約。因此，先後收回若干鐵路利權，並由民間自力築成幾條短距離的鐵路。當時資產階級底收回利權運動，是有相當的效果的。

這時期民間紛紛興辦新式企業，在紡紗業方面，一九〇五年有振華（設在上海，初為中英合辦，後歸中國人獨立經營）、振新（設立無錫）、裕泰（常熟）等紗廠底成立；一九〇六年，有寧波底和豐紗廠成立；一九〇七年，有濟泰（太倉）、大生第二（崇明）、通惠公（蕭山）、九成（設在上海，初為中日合辦，後改日商，最後又售於華商，改名恆昌源，現又改為申新第二廠）等紗廠底成立；一九〇八年，則有利用（江陰）、同昌（設立上海）等紗廠底成立。在船舶機械方面，一九〇七年，在漢口成立揚子江機器公司，資本一百萬兩；同年，張之洞、趙爾豐等有在武昌城外下新河設廠製造鐵路橋梁車輛鐵軌等件的計劃（供川鄂粵湘四省鐵路應用）。南洋兄弟烟草公司，也於一九〇七年成立，資本一百萬元。大冶水泥廠亦於同年成立。江南造船廠則於一九〇六年改為官督商辦，景德鎮磁器公司亦於一九〇七年改歸商辦。

一九〇五年，戶部籌庫款一百五十萬兩，設立戶部銀行，發行鈔票。這是現今中國銀行底前身，現今交通銀行，則於一九〇八成立。一九〇六年，北京設立中央農事驗試場，準備改良農業。而前期開工的諸鐵路，差不多全部於此時完成，本期開工的津浦、正太、廣九、漳廈、新寧、滬杭甬諸鐵路，亦已於本期內通車。中國現存的鐵路，只有一小部分是在本期以後開工和完成的。

至於外人企業，則有遼寧本溪湖煤鐵公司，成為中日合辦事業。漢冶萍煤鐵鑛廠公司（一九〇六年，由漢陽鐵廠、大冶鐵鑛、萍鄉煤鑛合組而成），先向日本興業行借入三百萬元，繼向日本三井、興業、正金三銀行及大倉洋行借入六百萬元。英國資本家則於一九〇六年設立上海造船廠，資本五百五十七萬兩。

三、自動振興時期

從一九一二年（民國元年）起直到現在為止，屬於自動振興時期。在這時期，政治混亂，連年戰爭，政府不但不能保護獎勵產業，反而阻礙新興企業底發展。只有一九一二年，南京政府有建築一萬哩鐵路計畫底宣佈；一九一四年，張謇任農商部長時，有棉鐵政策底提倡。然而在實際上，這些計畫和政策，也不過如曇花之一現而已。一九一一年底革命，原有發展工商業的前途，但因為中國資產階級底勢力過於薄弱，以致不能完成其歷史的使命。直到現在，中國政府，雖至今日也還不能積極施行保護工商業的政策，只有聽其自然發展。滿清末年所施行的少許獎勵工商業的政策，在這時期也幾乎破壞無餘了。所以這時期底新式企業，差不多完全是由民間自動振興的。而這些自動振興的企業，多半是在通商口岸和租界，尤其以上海為中心；因為通商口岸和租界比較少受政治混亂底影響。

在這一時期中，最有希望的是歐戰期間。一九一四年歐洲大戰爆發後，從歐美輸入中國的商品驟然減少，價格突然騰貴，而銀價亦暴漲起來，加以一九一五年日本提出二十一條無理要求後又發生抵制日貨的運動，因而使許多新興的企業都得到良好的成績，賺得優厚的利益。於是既成的企業紛紛擴充規模，而新辦的企業也不斷地發生。其中成績最好獲利最厚的是紡紗業。據伊藤武雄氏底現代支那社會研究所載，歐戰後在揚子江流域所勃興的企業，有發電廠二十六所，運輸業十八家，農業企業十八個，紗廠十六家，商業公司十五家，礦山工業十二個，漁業公司三個，其他八個，總資本達一億五千萬元。若就全國來說，當然不止此數。這是中國近代產業史上最有生氣的時期，但這種時期是很短的。

到了一九二〇年，離歐戰告終已有兩年，歐洲交戰各國底經濟已漸次恢復，於是從新向着中國發展，輸入中國的商品大行增加，而且入超竟超過二萬萬兩了。在這種情形之下，中國底新興企業，自然要受嚴重的打擊，有不少陷於衰敗的運命。只有紡紗事業，還能繼續保持好況；但到了一九二二年下半年，也投入世界一般的惡況之中了。其後連年從事整理，到了一九二五年已稍稍就緒，又遇到了五卅大罷工，受了一個打擊。從一九二五年以後，空前的大革命爆發，以及繼之而起的國內戰爭，都給予新興企業以相當的打擊。到了一九二八年下半年，內戰暫告停止，各種新式企業又有復興的氣象。一九二九年情形較好，尤以紡紗業底營業為最優，為一九二二年以來最發達的一年。一九三〇年以後，又隨着世界經濟危機而愈趨愈下了。

這個時期中有一個特殊的現象，就是銀行業底異常發達。在一九一一年以前，內國銀行還不到十家。但就一九一二年以來，至今內國銀行已有二百餘家，其增加底速度，為任何企業所不及。不僅內國銀行有增加，即外國銀行亦有增加。這是中國資本主義底畸形的發展，我們應當加以充分的注意。

四、最近工業底發展狀況

以上，我們已經簡略地把近代企業勃興時期中三個較小的時期
敘述過了。現在再把這一時期中在農商部註册的工廠，按照年代列
表如下。

一九〇一年以前	一二
一九〇二年	四
一九〇三年	四
一九〇四年	七
一九〇五年	一五
一九〇六年	二九
一九〇七年	三三
一九〇八年	二〇
一九〇九年	二一
一九一〇年	一八
一九一一年	一四
一九一二年	一三
一九一三年	二八
一九一四年	二四
一九一五年	三三
一九一六年	三〇
一九一七年	一八
一九一八年	一九
一九一九年	二一
一九二〇年	七〇
一九二一年	六一
一九二二年	四六
一九二二年	一四

一九二四年	一一
總數	五六五

在上述五百六十五個註册的工廠中，棉紡織染工廠占一百二十九個，麵粉工廠占九十七個，火柴工廠占六十六個，燭皂工廠占三十五個，絲紡織工廠占二十三個，鐵工廠占二十三個；此外是搾油二十一個，烟草二十個，造紙十三個，製革十一個，煉糖十個，瓷器十個，磚瓦十個，石灰水泥七個，玻璃六個，樟腦四個，精鹽四個，蘇打四個，蛋粉五個，釀造九個，化學藥品十四個，雜項工業五十個。這五百六十五個註册的工廠，共有資本二億二千四百十四萬三千四百四十九元，其中棉紡織染業有資本九千九百九十九萬四千四百二十元，麵粉業有資本二千五百八十三萬九千元，鐵工業有資本二千三百二十萬五千元，其他則煉糖業有一千七十二萬元，造紙業有九百四十七萬五千元，烟草業有八百五十四萬元，火柴業六百八十二萬一千元，製革業五百四十五萬二千元，石灰水泥四百九十二萬五千元，絲紡織業四百六十二萬五千元，搾油業四百三十三萬六千元，化學藥品二百九十六萬三千九百二十九元，釀造業二百八十萬元，精鹽業二百四十八萬九千元，燭皂業二百零九萬八千元，玻璃業一百七十七萬元，瓷器業一百二十七萬元，蘇打業九十萬元，磚瓦業五十六萬四千元，蛋粉業三十二萬五千元，樟腦業十五萬五千三百元，雜項工業五百五十八萬五千八百元。自然，這些註册的工廠，並沒有包括全部新式工業，只不過是其中一部分罷了。因為有些獨資經營的工廠是不曾註册的，外國資本家所創辦的工廠是一概沒有在中國政府註册的。不過最近二十多年來民族工業底發展情形，大體也可以由此窺測而知。

第四章　中國國民經濟的概況

第一節　輕工業

一、紡紗業

紡紗業是中國現在最發達的工業，是中國新式工業的代表。其規模之宏大，資本之雄厚，雇用勞動者之衆多，發展之迅速，都在各種新式工業之上。所以我們要研究中國國民經濟的概況首先須得研究中國的紡紗業。

中國的近代紡紗業，可以說起源於一八九〇年李鴻章創辦於上海的機器織布局。當時李鴻章鑑於外國棉製品輸入底日益增加，認為有籌欵設立工廠自行製造的必要；故於一八八二年奏請在上海試辦機器織布局，於一八九〇年派人實行籌備。但於一八九三年，工廠設備方畢，正要開工的時候，廠屋突然被毀於火。當時已經購定紡錠六萬五千枚，織機六百架，其勢不能中止。於是李鴻章乃命盛宣懷募集商股，重行建築，改名華盛紗廠，於一八九三年初開辦，並得於一八九四年開工。其後屢經改組，由華盛而又新，而集成，而三新，最近又由三新紗廠改組為申新第九紡織廠。這是中國最早成立的紗廠底經過情形。

與機器織布局同於一八九〇年成立的，還有紡織新局。該局亦設於上海，初為官商合辦，後改為商辦；初改名為復泰紗廠，後改稱恆豐紗廠，即今日的恆豐紡織新局。一八九一年，張之洞在武昌設立武昌織布局；一八九四年，又增設紡紗局。同年，上海又有裕源紗廠成立。該廠原為華商所辦，但於一九一八年被日商收買，改組為內外棉株式會社第九廠。

在一八九五年《馬關條約》未訂立以前，全國只有六個紗廠，十八萬三千枚紡錠。那時外人還不能在中國境內設立工廠，中國人也還多半不知道設立紗廠的重要，所以其發展很慢。但從《馬關條約》訂立以後，紗廠便突然增加了。從此，外人取得在中國商埠設立工廠的權利，首先着手的是紗廠。德商底瑞記紗廠（資本百萬兩，紡錠四萬枚），美商底鴻源紡織公司（資本百萬兩，紡錠四萬枚，）英商底怡和（資本四十萬兩紡錠五萬枚），老公茂（資本七十一萬五千八百兩）二紗廠，均於同年成立。到了一八九六年末，外人所經營的紗廠，便已有紡錠二十餘萬枚了。於是中國資本家看見這種情形，也就漸漸覺悟，毅然籌集資本來創辦紗廠了。一八九五年，上海有大純紗廠成立，甯波有通久源紗廠開辦，無錫有業勤紗廠設立。其後，蘇州的蘇綸，杭州的通益公，南通的大生，上海的裕通，均相繼成立。至一八九九年，全國已有紗廠十五所，紡錠五十六萬五千枚。五年之間，紡錠增加到三倍以上，其發展速度是很快的。

但從這時起至一九〇四年止，是中國紡紗業最困難的時期。當時許多紗廠既然集中於江浙二省，自然要引起原棉價格的暴漲和熟練勞動者的缺乏；加以金融機關不完備，交通不方便，勞動效率低劣，販賣方法幼稚以及棉花攙水等弊病，以致無論中外資本家所辦的紗廠，成績都不很好，且有一部分工廠和紡錠不能開工。自然，兩者相比，中國資本家所辦的紗廠，成績更壞，多半與官辦工業一樣，歸於失敗。這是因為外國資本家所辦的紗廠，還有資本雄厚，技術優秀，管理得法諸優點；而中國資本家所辦的紗廠，可說只有缺點而無優點。當時中國辦理紗廠的人，多半還是官僚資本家，只知敷衍應酬，不知經營業務。難怪當時所辦的華商紗廠，除了南通大生紗廠以外，都沒有什麼成績可說了。

此後，中國底紡紗業，曾經有過兩個顯著發展的時期：一個是日俄戰爭以後（一九○五年以後），一個是歐戰爆發以後（一九一六年以後），尤以歐戰爆發後發展得最快。日俄戰爭底結果，給予中國資產階級以很大的刺戟，經濟界頓時現出活潑的氣象，鐵路建築已漸次成功，金融機關亦已有相當的進步，原棉的供給已漸有增加，熟練勞動者亦漸見增多，而且同年棉製品輸入激增，其價格達一億八千餘萬兩，足見社會對於棉製品的需要已大行增加；這些自然要促進紡紗業底發展。因此，新紗廠紛紛成立；已成立而停頓的紗廠，亦漸漸現出復活的氣象。從一九○五年至一九一四年，先後十年間，共增加紗廠十七所，連前共有紡錠九十七萬枚。中國底紡紗業，可說已於此時走上軌道了。

當一九一四年歐洲大戰爆發以後，最大的紡織業國——英國輸入中國的棉製品便漸漸減少，棉製品價格便日趨騰貴；同時於一九一五年日本提出二十一條無理要求後，中國民眾又發起猛烈的排日運動，抵制日貨輸入，因而更助長了這種形勢。中國資產階級，遇此千載一時的機會，也就積極增設工廠，增添紡錠，以發展自己勢力。從一九一六年至一九二二年，中外資本家新設的紗廠達六十七所，紡錠增加二百餘萬枚，現出空前的盛況。這就是所謂中國紡紗業的黃金時代。但到了一九二二年九月以後，因世界經濟恐慌底影響已經波及到中國，發生花貴紗賤的現象，以致一時陷於停頓的狀態。其後漸次整理，從一九二八年下半年起，情形又漸漸變好起來。就大體看來，中國紡紗業，現在依然是向前發展的。我們從下面的表中，❶ 大體可以看出四十年來中國紡紗業的發展狀況。

年次	工廠數	紡錠數
一八九五（馬關條約成立前）	六	一八三、〇〇〇
一八九六	一三	四二九、六〇九
一八九九	一五	五六五、〇〇〇
一九〇六	二二	六四一、一一四
一九一一	三二	八三一、一〇六
一九一六	四一	一、一四五、一三六
一九一八	四九	一、四七八、九二六
一九一九	五四	一、六五〇、〇〇〇
一九二一	一〇九	三、二六六、六六六
一九二三	一二〇	三、五五〇、〇〇〇
一九二五	一一八	三、五一九、八九六
一九二七	一一九	三、六八四、六八六
一九二八	一二〇	三、八五〇、〇一六
一九二九	一二七	四、二〇一、二三六
一九三〇	一三〇	四、四九七、九〇二

這個表告訴我們：中國的紡紗業，以一九一六年至一九二一年發展得最快，廠數和錠數差不多都增加了兩倍。這是中國紡紗業發達最快的時期，不但是空前，而且是絕後的（直到現在為止）。因為歐洲大戰及一九一五年、一九一九年的排日運動，使中國資產階級得到一個很好的發展"民族工業"的機會，而當時獲利最厚的是紡

---

❶ 表中的"頓號"表示千分位斷開，下文同，不再出註。——編者註

紗業，自然爭先恐後地投資到這方面來，積極發展所謂"民族的"
紡紗業了。同時日本帝國主義者，亦竭力利用歐戰的機會，一俟排
日運動稍見緩和便積極在中國增設紗廠，以增厚其在中國的經濟勢
力。因此，在歐戰期中及歐戰後世界經濟恐慌尚未影響到中國一般經
濟的時候，中國底紡紗業得因外國棉製品輸入底減少而迅速發展起來。
但從一九二二年九月起，這種好況便停止了；直到現在，還不能有很
大很快的發展。不過就大體看來，最近幾年還是有相當的發展的。

　　紗廠和紡錠的增加，固然可以表示中國棉紗業底發展，原棉輸
入和棉紗輸出底增加，也一樣地可以表示中國紡紗業底發展。中國
在一九二〇年以前，棉花底輸出是超過輸入的；但從一九二〇年起，
已成為棉花底輸入超過輸出了（中國棉花底生產額，大體上並沒有
減少）。中國原為棉紗輸入國，但從一九一六年以來，輸入便有漸次
減少的傾向；到了最近三四年來（從一九二七年起），輸出且已超過
輸入了。這兩件事實，都是表示中國紡紗業底向前發展的。

　　還有，最能表示中國紡紗業底發展情形的，是棉紗的產額。茲
將下列四年全國紗廠底產紗額，列表如下。

一九二七年	二、〇七二、八三九包（每包重五百磅）
一九二八年	二、二〇二、九六六包
一九二九年	二、三五六、四三五包
一九三〇年	二、三八〇、六七一包

　　觀此，大概總可以明瞭中國紡紗業的發展狀況了。最後，關於
中國紗廠的發展，還有兩個趨勢應當說一說。第一，近年來中國紗
廠，多半兼營織布事業，織機的增加速度且快於紡錠的增加速度。
在一九一六年，全國紗廠只有織機九千架，到了一九二二年還只有
一萬六千餘架；但到了一九三〇年，全國紗廠已有織機三萬三千五

百餘架了。就是說在最近七八年間，全國紗廠底織機增加了一倍以上。至於產布額，在一九二七年，全國紗廠出布八百九十九萬九千三百七十疋（英商紗廠底產布額在外）；到了一九三〇年，便已增加到一千六百十七萬九千八百四十四疋（內有英商紗廠出產額一百七十三萬七千九百八十六疋）。可見產布額的增加亦是很快的。這是中國棉紡織業界底一大進步。

第二，中國底紗廠，近來有從粗紗進到細紗的趨勢。中國底紗廠，最初是紡製二十支以下的粗紗，後來慢慢到三十支以上的細紗，以至進到四十支的細紗，最近且着手紡製六十支以上的細紗了。棉布也有從粗布進到細布的趨勢。這種進步，多半開始於日本資本家所辦的紗廠，後來才影響到中國資本家所辦的紗廠。

這樣看來，中國底棉紡織業，無論在量的方面或質的方面，都有向前發展的趨勢。這種棉紡織業底發展，自然促進手工業的和家庭工業的棉紡織業的衰敗。

最後，我們要把中國底紡紗業與世界各國底紡紗業比較研究一下，以便明瞭中國紡紗業在世界上的地位，據萬國棉紡織業總聯合會底報告，從一九二九年八月至一九三〇年七月世界重要諸國紗廠底紡錠與用花數量如下。

國別	紡錠		每年消費棉花	
	數目（千錠）	百分率	數量（千包）	百分率
英國	五四、九三三	三三・六	二、四六五	九・八
美國	三三、三四五	二〇・四	六、〇六〇	二四・〇
德國	一〇、八三八	六・六	一、三二三	五・二
法國	一〇、二五四	六・三	一、一七一	四・六
印度	九、一二五	六・五	二、四一九	九・六

續表

國別	紡錠		每年消費棉花	
	數目（千錠）	百分率	數量（千包）	百分率
俄國	七、六一二	四‧六	二、一〇九	八‧四
日本	七、一九一	四‧四	二、九九七	一一‧九
意大利	五、三四六	三‧三	一、〇〇一	四‧〇
中國	三、九〇五	二‧四	二、二九七	九‧一
其他	二一、〇三二	一二‧八	三、三六七	一三‧四
合計	一六三、五七一	一〇〇‧〇	二五、二〇九	一〇〇‧〇

　　從這個表看來，可以知道中國紗廠底紡錠數，只占全世界紡錠總數底百分之二‧四，只有英國底十四分之一，美國底八分之一弱，德法二國底三分之一強，印度底二分之一弱，俄國和日本底二分之一強，比意大利還少三分之一。從這方面看來，中國底紡紗業只占世界紡紗業底第九位，比任何重要國家都不如。中國人口既占全世界人口底四分之一，又以棉織品為主要的衣料，而其所有的紡錠竟如此之少，自然要使人們感着悲觀，覺得中國資本主義或中國工業太不發達，連最大的紡紗業尚且如此，其他可想而知了。可是從另一方面看來，卽從每年所消費的棉花數量看來，便會令我們發生不同的觀念，覺得中國底紡紗業並不如人們所想象的那麼幼稚，那樣值得悲觀。中國紗廠底紡錠雖然只占世界紡錠總數底百分之二‧四，而中國紗廠每年所消費的棉花卻占全世界棉花消費額底百分之九‧一，只少於美國、日本、英國和印度，而且比日本，英國和印度也少不了好多，同時比意大利多一倍以上，比德法二國約多一倍，比俄國多十八萬包，而取得世界紡紗業上的第五位。這顯然是表示中國紗廠的紡錠，比了別國是有二倍三倍甚至四倍五倍的作用的（雖然有粗細紗的不同）。這主要的原因是在於別國勞動者的勞動時間較

短，中國勞動者的勞動時間較長，而且多半晝夜輪班工作使紡錠無暇休息。

又據最近華商紗廠聯合會底報告，中國紗廠的紡錠數和原棉消費量都有相當增加；在一九三〇年，已有紡錠四百四十九萬七千九百零二枚，共用棉花八百八十三萬九千六百九十担，約合二百三十五萬七千二百二十三包（每包重五百磅，約合三担七十五斤）。在這紡錠方面，已比萬國棉紡織業總聯合會的統計多五十九萬二千餘包，在用花方面，也較多六萬餘包（如果全部紡錠都運轉起來，則用花數量當然不止多出此數），可見中國的紡紗業，實際上比上面的統計所表示的還要進步些。

則從棉紗輸出入方面來看，也可以看出中國紡紗業在世界上有重大的意義。自從一九二七年以來，中國棉紗的輸出已超過輸入的數量，為明瞭這種趨勢起見，特將下列四年棉紗輸出入的數量，揭載如下。

年次	輸入（担）	輸出（担）	出超（担）
一九二七	二九五、三三八	三三九、六七二	四四、三三四
一九二八	二八四、九四五	三四九、八二二	六四、八七七
一九二九	二三四、一二六	三四四、七三六	一一〇、六一〇
一九三〇	一六二、四三〇	三二九、八六九	一六七、四三九

觀此，可知棉紗的出超額是與年俱增的。固然，這種出超額並不算大，而且是由於中國織布業的發達不能與紡紗業的發達相適應的結果。我們決不能因此過於誇大中國紡紗業的地位，因為中國每年還有價值一億四五千萬兩的棉製品（包括棉紗）的輸入。但從中國紡紗業的發展趨勢看來，也不難於最短期內奪取外國棉製品在中國市場上的地位，因為要在中國生產這些棉製品，以目前的勞動時

間為標準，只須再行增設紡錠一百五六十萬枚（自然要使織布業也能發達到這個程度）便行了。

這樣說來，中國最發達的工業紡紗業，在世界經濟上無疑地占有重要的地位。中國的紡紗業，不但可以傲視儕輩而稱尊，甚至可以與先進的資本主義國家並肩而無愧。這對於世界經濟的前途，固然有重大的影響，對於中國歷史的發展，當然更有深刻的意義。

二、繅絲業

生絲是中國最重要的輸出商品，每年輸出價格超過一億兩（關平銀），占中國輸出總額百分之十二以上。中國向來是養蠶產絲的國家，自從與歐美諸國通商以來，生絲便成為主要的輸出商品，直到現在，在對外貿易上還是占極重要的地位。

中國產絲最盛的區域，是江蘇、浙江、廣東、四川四省，其次是山東、湖北，而江浙二省，尤為中國絲業底中心。在五六十年前，繅絲本為農家底一種家庭工業，製成之後，由絲莊收買；分銷各地；於一五一七年後，並能漸次盛銷於國外。但那時繅製絲經，純依古傳舊法，用人力木車繅製，以致製成的絲，粗細不勻，膠質堅厚，不合織製優美綢緞之用。其後到了一八八〇年，意大利資本家裝運繅絲鐵機來華，在上海建築廠屋，招募勞動者，傳授機製繅絲的方法，這便是江浙機械繅絲業底開始。翌年，始有中國資本家黃佐卿設立公和絲永廠於上海蘇州河岸，購置絲車一百部。同時，怡和、公平兩洋行，各建一廠，每廠有絲車一百零四部，各項機件，均購自意、法二國。這三個絲廠，均於一八八二年開工。至一八八七年，三廠營業，先後失敗，所有資本，損耗殆盡。於是公平絲廠，更換股東，改名旗昌絲廠。公和永與怡和兩廠，因主持者盡力維持，得免於難。此後，絲廠營業，漸見良好，公和永乃大加擴充，絲車從一百部增至九百部。到了一八九五年中日戰爭之後，絲廠事業才漸漸發達起來。現在上海最大的瑞綸絲廠（現有絲車六百部，流動資本八萬兩，勞動者一千六百名，每年出絲九百六十担），即於一八九五年成立。信昌絲廠和綸華絲廠，亦於同年創辦。從此之後，無錫的裕昌絲廠，塘棲的大綸絲廠，也跟着成立了。

江浙產絲區域，設立絲廠有江蘇的上海、無錫、蘇州、鎮江和浙江的杭州、湖州、嘉興、塘棲等地方。江浙二省，現有絲廠約二百家，共有絲車五萬餘部。絲車底分配，上海有二萬七千部，無錫有一萬七千部，浙江有七千八百部，鎮江、蘇州等地有二千五百部。此外四川的重慶，廣東的順德，亦均為機械繅絲業的重要區域。在一九二七年，四川有二十五家繅絲廠，其中二十家有絲車二千三百八十部。在一九二九年九月，廣東有絲車八萬三千七百四十八部。現在我們因為得不到關於全國的材料，只得把上海絲廠底發展情形做代表來說明。茲將一八九〇年以來上海絲廠的增加表，揭載如下。

年次	絲廠數	絲車數
一八九〇	五	一
一八九五	一二	一
一八九六	一七	一
一八九七	二五	七、五〇〇
一九〇五	二二	七、六一〇
一九〇七	二八	九、六八六
一九一一	四八	一三、七三七
一九一三	四九	一三、三九二
一九一四	五六	一四、四二四
一九一六	六一	一六、一九二

年次	絲廠數	絲車數
一九一八	七一	一九、二〇〇
一九二五	七七	一八、七一四
一九二七	九三	二二、一六八
一九二八	九四	二二、七九八
一九二九	一〇四	二三、五八二
一九三〇	一〇七	二五、三九五
一九三一	一一三	二七、〇〇〇

　　從這個表看來，可知上海繅絲業，從一八九五年中日戰爭以後，便有了相當的發展；在一八九七年，便已有絲廠二十五家，絲車七千五百部了。從一九〇五年日俄戰爭至一九一一年辛亥革命，發展甚為平穩。從一九一四年歐戰開始以後，發展也還順利；到現在止，廠數和絲車數都比歐戰前增加了一倍。這種情形，在大體上可以代表全國一般的傾向。

　　上海的絲廠，比起紗廠來，規模要小得多。資本和勞動者人數，都比紗廠少。在一九三〇年，上海共有絲廠一百零七家，絲車二萬五千三百九十五部，資本共約二百五十萬兩，勞動者共約五六萬人。一廠有絲車六百部以上者，只有瑞綸一家；卽在三百部以上者，亦僅有十四家；其餘九十三家，所有絲車都在三百部以下。在已經調查過的一百家絲廠中，資本最大者為八萬兩，僅得一家。在三萬兩以下者計八十九家，占總數百分之八十一。其中以資本在一萬五千兩至二萬兩之間者為最多，占四十家。就已經調查過的一百家計算，共有資本二百三十二萬五千八百兩；再加未經調查過的七家，大概最多亦不過二百五十萬兩。至於勞動者人數，據上海社會局調查，在一九二九年五月，全上海絲廠一百另四家共有勞動者五萬二千四百六十三人，其中有女工三萬九千四百八十四人，童工一萬八百三十一人，男工二千一百四十八人，大多數絲廠，雇用勞動者數都在三百人至六百人之間。其中雇用勞動者數最多的絲廠，則為瑞綸絲廠，約有男女勞動者一千六百餘人。而雇用勞動者數最少的絲廠，也有二百名左右。如果單就雇用勞動者人數一點來說，原不算少，但與上海紗廠勞動者數十三萬一千另三十八名（單是華商紗廠便已有勞動者六萬三千二百四十三名）相比較起來，也還未免遜色。至於資本方面，兩者相差得更遠。全上海絲廠資本總數，還不及永安紡織公司的資本三分之一（永安紡織公司有資本一千二百萬元，共設三廠）。觀此，可知上海絲廠的規模，比紗廠要小得多了。自然，基礎也沒有紗廠那麼穩固。何況一個以國內市場為主要目標，一個以國外市場為主要目標呢。可見絲業的發展，不如紗業發展底順利和迅速，是不足為怪的。

再從出產和營業方面來看，上海絲廠每年產絲量，共計約四萬五千担，約占全國產絲量六分之一（在一九三〇年，全國產絲約二十七萬担）。其每年營業數量，約在四千萬兩以上（以每担價值一千兩計）。在一九二六年以前，各廠都有盈餘；從一九二七年來，營業多半不好，在一九三〇年年終時，上海絲廠停業者約達七十家。所以從出產和營業方面來看，上海絲廠近年的情形是不大好的。廠數和絲車數雖年有增加，而出產和營業並不能以同一的比例增加，甚至有時大部分陷於停業的命運。這是上海絲業的矛盾現象。

最後，我們為明瞭近年來全國絲業的發展狀況起見，且從那出口方面來看一看。一則因為絲的主要市場是在國外，明白絲的出口情形，也就大體可以明白它的生產情形。二則因為只有這才是關於全國的正確材料，此外再沒有全國範圍的材料。茲將一八九五年來中國生絲的出口數量和價值，列表如下。

年次	數量（担）	價格（關平兩）
一八九五	一一〇、六二一	三四、五七五、五四二
一八九九	一四八、一〇〇	六五、二四五、四五六
一九〇〇	九七、二〇七	三六、五五五、一五〇
一九〇四	一二五、四二六	六一、三二六、八九六
一九〇五	一〇五、九一九	五三、四二五、四七三
一九一一	一二九、九二五	六四、九三四、二三〇
一九一二	一五八、〇三八	六七、六九一、一五七
一九一三	一四九、〇〇六	七三、五〇九、六七五
一九一四	一〇八、五八九	五五、五六〇、九四三
一九一五	一四三、〇九七	六九、〇七九、三二四
一九一六	一二二、二四三	七八、二六二、一五九
一九一七	一二五、八二〇	七九、一四八、六〇三
一九一八	一一四、九五四	七四、六八一、九二六
一九一九	一六五、一八七	一〇二、五四八、八八八
一九二〇	一〇四、三一五	六八、一五五、五八四
一九二一	一五一、〇六四	一一二、一四二、九八四
一九二二	一四三、四七六	一三七、二一七、四九九
一九二三	一三八、四二三	一三八、九一五、六九五
一九二四	一三一、二六五	一〇八、〇五九、二六八
一九二五	一六八、〇一七	一四〇、三五七、八八〇
一九二六	一六八、五六三	一四四、七三六、三五八
一九二七	一六〇、〇〇二	一二八、七〇五、七三二
一九二八	一八〇、一八六	一四五、四四三、四八一
一九二九	一八九、九八〇	一四七、六八一、三三八
一九三〇	一五一、四二三	一〇九、一八一、一二四

　　照這個表看來，中國生絲的出口，從一八九五年以來，雖然有相當的增加，但是增加得很慢，就整個的傾向來看，可以說是處於

停頓的狀態。我們看：三十年前的一八九九年，中國生絲的出口便已有十四萬八千担；而到了一九三〇年，還只有十五萬一千餘担。拿一九三〇年與一八九九年相比，不過相差三千餘担。固然，在這中間也曾有過兩年（一九二八和二九年）超過十八萬担，但竟有二十一年（包括未列入上表中的一九〇一至〇三年及一九〇六至一〇年）不到十四萬八千担呢。即以一九三〇年來說，也差不多已囘復到三十年前的狀況了。

這是表示什麼意思呢？這不是與前面所說的中國絲業的發展狀況相矛盾嗎？並不矛盾，這是因為中國的新式絲業確實是發展了，不過舊式絲業是在日趨崩壞的過程中。因此，就一般的情形說來，中國的絲業近來現出停頓的狀態。尤其從一九三〇年以來，新式絲業也遇着重大的"危機"，其中最重要的原因，自然是因為近來世界經濟恐慌，海外需要銳減，同時又有日本絲的猛烈競爭，貶價出售，以致中國絲在歐美市場上的地位一落千丈。其次是資本週轉不靈，生產方法不良，小量生產，以及蠶繭歉收和繭質不良等。因此，製成的生絲，品質低劣，條紋不勻，等級紊亂，長短不一，而成本又較別國昂貴，以這樣的生絲，自然難與優美的日本生絲競爭。此外，交通運輸底不方便，人造絲銷路底日益增加，也都相當地妨礙中國絲業底發展。然而中國養蠶的區域甚廣，原料底供給甚富，全國出產鮮繭約達三百萬担，好像以這為基礎的中國絲業是很有發展的可能性的。但是從製品販賣方面看來，又覺得這種可能性是很有限的。因為中國絲業的主要市場是在國外，不是在國內。幼稚的資本主義國家，斷不能與強大的資本主義國家競爭。何況是個半殖民地的國家，到處受着帝國主義的壓迫。所以日本的絲業壓倒中國的絲業，是毫不足怪的。

第二節　重工業

一、煤礦

　　煤礦是中國最大的礦業，近來每年還有三四百萬噸輸出，已經超過輸入的數量。中國煤礦底儲藏量，大概在二千億噸至一兆億噸之間，平均約五千億噸。如果這種估計是可靠的，則中國煤底儲藏量，雖比不上美國和加拿大，也可傲視其他國家，至多再除德國和英國外，是沒有那一個國可以與中國相比的。可是中國煤底儲藏量雖豐富，而着手開採的却還很少。茲為明瞭最近十餘年來中國煤礦業底發展狀況起見，先把一九一三年（歐戰前）至一九二八年全國煤礦底出產額（包括舊式煤礦產額每年約五六百萬噸），揭載如下。

一九一三年	一四、〇〇〇、〇〇〇噸
一九一四年	一五、〇〇〇、〇〇〇噸
一九一五年	一五、四四〇、〇〇〇噸
一九一六年	一五、五八四、〇〇〇噸
一九一七年	一七、二〇五、二二四噸
一九一八年	一八、〇三三、三六七噸
一九一九年	一九、二八七、四三七噸
一九二〇年	二〇、三八一、〇六〇噸
一九二一年	一九、八七一、七二八噸
一九二二年	一九、九五四、五二九噸
一九二三年	二二、六八一、三二七噸
一九二四年	二三、七一一、〇〇〇噸
一九二五年	二三、四七四、〇〇〇噸

一九二六年	二三、〇四〇、一一〇噸
一九二七年	二四、一七二、〇〇九噸
一九二八年	二五、〇九一、七六九噸

其次，順便把一九一三年至一九二八年煤底輸出入額，揭載如下。

年次	輸出		輸入	
	數量（噸）	價格（關平兩）	數量（噸）	價格（關平兩）
一九一三	一、四八九、一八二	六、五九二、〇七八	一、六九六、四八九	九、四九二、四四四
一九一四	一、九四六、五七三	八、七一〇、六七九	一、六〇六、五五五	八、五三六、一三八
一九一五	一、三二四、〇八八	六、一四四、四五〇	一、四〇五、六〇一	八、一七〇、三七三
一九一六	一、三二五、七二九	五、八三五、一五九	一、四二六、二四五	九、〇三二、〇七〇
一九一七	一、六四三、六八四	六、八五二、三六九	一、四四八、二八五	一五、一二七、四四二
一九一八	一、八〇一、六三二	九、二九二、七三三	一、〇七九、二一一	一二、六八〇、七九八
一九一九	一、五一五、九四三	七、七〇〇、六八一	一、一七七、一四二	一二、五八七、〇二〇
一九二〇	一、九八九、二九〇	一二、四一七、一七二	一、二五七、六九四	一四、四二三、九六一
一九二一	一、九二一、五五五	一一、六四一、四一三	一、三六四、〇六四	一三、八二九、三四四
一九二二	二、四二一、八二八	一五、三八五、〇四一	一、一五三、四七二	一〇、七八〇、七六八
一九二三	三、一三八、〇〇六	二〇、九〇五、〇六四	一、三八二、一六一	一三、〇七四、七五七

續表

年次	輸出		輸入	
	數量（噸）	價格（關平兩）	數量（噸）	價格（關平兩）
一九二四	三、二二九、五二二	二〇、八五九、八〇六	一、六六七、四〇九	一五、七四五、七二三
一九二五	三、〇二一、七三九	二〇、二五八、〇五二	二、七五七、七〇八	二六、一五四、五一二
一九二六	三、〇九九、〇四三	二六、三九七、一二二	二、九〇二、四五一	二七、〇三九、五九四
一九二七	四、〇二六、八一一	二九、五七四、三五二	二、三二四、二〇九	二二、四二五、一八八
一九二八	三、八九九、二四五	二八、四二二、六七九	二、四三二、九三二	二二、七九二、七八六

　　我們看了上面兩個統計表，第一可以知道，自從一九一三年，中國煤底出產額，除一九二一年及一九二五、二六兩年，比前一年減少外，其餘都是逐年增加的；從一九一三年至一九二八年，增加一千一百萬噸以上，幾乎增加了一倍。第二可以知道，自從一九一七年起，煤底輸出噸數便已超過煤底輸入噸數（在這以前，一九一四年輸出亦超過輸入），直到現在還是如此。第三可以知道中國煤底價格低於外國煤底價格，從一九一七至一九二八共十二年間，中國煤底輸出噸數都超過外國煤底輸入噸數，但中國煤底價格總額超過外國煤的，只有一九二二至二四年及一九二七、二八年；即在這五年中，兩者價格之差，也遠不及兩者數量之差。總括說一句，由此可以知道中國底煤礦業，雖然處於很不利的情形之下，也還是繼續向前發展的，不過發展底速度不快罷了。

二、鐵礦

　　中國底鐵礦，遠不及煤礦之發達。鐵礦是鐵工業底基礎，而鐵工業又是一切近代工業及交通業底基礎。所以鐵礦業底發展與否，與整個國民經濟有極重要的關係。中國鐵礦業底幼稚，也就是表示中國整個國民經濟底落後。但是近幾十年來，中國底鐵礦業，也與其他各種新式企業一樣，有了相當的發展。這又是表示中國底資本主義，雖在多重壓迫之下，也還是有向前發展的趨勢。

先說中國鐵砂底儲藏量。大概有鐵砂十億噸左右。此數雖不算多，但在亞洲諸國中，却要算首屈一指了。尤其與日本相比，竟超過了十二倍（日本鐵砂儲藏量僅有八千萬噸，只等於本溪湖廟兒溝礦底儲藏量）。可是已經開採的鐵礦，直到如今還是很少。茲將一九一三年來中國鐵礦底出產額（包括舊式鐵礦產額每年約四十萬噸），列表如下。

一九一三年	九五九、七一一噸
一九一四年	一、〇〇五、一四〇噸
一九一五年	一、〇九五、五五五噸
一九一六年	一、一二九、〇五六噸
一九一七年	一、一三九、八四五噸
一九一八年	一、四七四、六九八噸
一九一九年	一、八六一、二三〇噸
一九二〇年	一、八五六、九八五噸
一九二一年	一、四六二、九八八噸
一九二二年	一、五五九、四一六噸
一九二三年	一、七三三、二二六噸
一九二四年	一、七六五、七三二噸
一九二五年	一、五一九、〇二一噸
一九二六年	一、五六一、九一一噸
一九二七年	一、七一〇、一三五噸
一九二八年	二、〇〇三、八〇〇噸

　　觀此，可知從一九一三年到一九二八年，中國鐵砂底產額增加了一倍以上。除一九二〇年和二一年，因受歐戰後世界經濟恐慌底影響，一九二五年因受五卅運動底影響，現出比前年度減少的傾向外，其餘各年都是比前一年增加的，尤其以一九一九年和一九二八年增加得最快。這種情形，大體上是與煤礦業底發展情形相合的。

　　現在再來看一看一九一三年至一九二八年中國鐵砂底輸出入情形如下。

年次	輸出		輸入	
	數量（噸）	價格（關平兩）	數量（噸）	價格（關平兩）
一九一三	二七一、八一〇	六〇九、七四四	九六	三一一
一九一四	二九七、〇五九	六六六、〇八一	一〇、六九二	三八、五九九
一九一五	三六〇、五二一	六九八、一二八	四、八四六	一九、六〇九
一九一六	二八〇、七八四	九一五、一〇四	二九、七四三	一五〇、七九九
一九一七	三〇六、七九一	一、〇一八、四七九	二七、八一二	一三〇、五三〇
一九一八	三七五、六六四	一、三五九、五九六	一五、四八二	二五七、九五六
一九一九	六三五、三六二	二、四〇二、五二四	三六、八七一	二五四、八一五
一九二〇	六七七、五四四	二、六一一、七六〇	一九、九四二	一三八、九〇二
一九二一	五一一、〇三〇	一、五一〇、六八七	五、九四七	三三、三九七
一九二二	六六七、一八三	一、八八六、一二五	一、二七〇	一七、九五〇
一九二三	七三三、六〇三	一、九五六、二六八	三、〇八四	四九、一四七
一九二四	八四六、八三三	二、二九七、九二一	二、六八六	二八、八六五
一九二五	八一五、九一三	一、九五二、四一四	一、〇二一	七、三一四
一九二六	五二一、二六九	一、三四八、七九四	八、六三三	一五三、七七七
一九二七	四九七、九七八	一、三九〇、〇四〇	六、四八五	一〇〇、三四一
九二八*	九一七、六七一	二、六六一、六四六	四、四四四	六三、一四七

　　*　"九二八"當為"一九二八"。——編者註

　　中國鐵砂底出產並不算多，為什麼每年還有這許多輸出外國呢？這是因為中國鐵工業不發達，國內缺乏煉鐵煉鋼的工廠；而且大部

分新式鐵礦都操在日本帝國主義者手裏,以向日本輸出為目的。原來日本是一個缺乏鐵礦的國家,其儲藏量不過八千萬噸,以現在鐵底消費量(現在日本每年約消費鐵一百五十萬噸,需要鐵砂三百多萬噸)來說,不出二十餘年便消費完了。現在日本所消費的鐵,大部分靠外國輸入;而本國所生產的,不過是五六十萬噸。要煉成五六十萬噸鐵,大概需要鐵砂百餘萬噸。但是日本自己每年所生產的鐵砂,只不過二三十萬噸;其餘的七八十萬噸,勢非找一個來源不可。這便是日本處心積慮要支配中國鐵礦的原因。日本與漢冶萍公司訂立四十年的賤價購買鐵砂和生鐵的契約(規定購買鐵砂一千五百萬噸,生鐵八百萬噸),便是為此;竭力設法在中國經營鐵礦和鐵廠,也是為此。中國鐵砂底輸出量如此之多,主因便是由於中國鐵礦受日本帝國主義底支配。

現在中國底主要鐵礦,大部分握在日本帝國主義手裏。漢冶萍公司所經營的大冶鐵礦(在湖北大冶縣),原為中國最大的鐵礦,每年能生產鐵砂七八十萬噸,但因借款的關係,受日本帝國主義底監督和束縛,每年須供給鐵砂四十萬噸於日本(另外還須供給生鐵二十萬噸),成了日本八幡製鐵所底原料供給處。此外,如裕繁公司所經營的桃冲山鐵礦(在安徽繁昌縣),魯大公司所經營的金嶺鎮鐵礦(在山東益都縣),都是名為中日合辦而實權操於日人手裏的鐵礦。安徽當塗縣底寶興公司及利民福民公司,亦均與日本有售砂借款關係。至於純粹由華資經營的鐵礦,現在較大的只有象鼻山官礦(湖北)和龍烟公司(河北)。這是中國鐵礦業底現狀,亦就是表示中國資本主義底殖民地性。

三、鐵工業

這里,說一說鐵工業底情形。中國底鐵礦業既然如此,中國底鐵工業當然也無從發達。現在全國只有七個煉鐵和煉鋼的公司，而且其中只有三個是兼煉鋼鐵的（東三省除外）。茲將各公司底名稱、地點、化鐵爐、煉鋼爐及每年產鐵產鋼能力，列表如下。

公司名稱	地點	性質	化鐵爐	煉鋼爐	每年產鐵能力	每年產鋼能力
漢冶萍公司大冶鐵廠	大冶	借日款辦	二	—	三二四、〇〇〇噸	—
漢冶萍公司漢陽鋼鐵廠	漢陽	借日款辦	四	七	二三四、〇〇〇噸	七五、六〇〇噸
龍烟公司	北平	官商合辦	一	—	九〇、〇〇〇噸	—
揚子鐵廠	漢口	商辦	一	—	三六、〇〇〇噸	—
和興鐵鋼廠	上海	商辦	二	二	一六、二〇〇噸	三六、〇〇〇噸
保晉公司	陽泉	商辦	一	—	七、二〇〇噸	—
上海鋼鐵公司	上海	商辦	—	二	—	一〇、〇〇〇噸
合計	—	—	一一	一一	七〇七、四〇〇噸	一二一、六〇〇噸

就這個表看來，中國全國新式鐵廠底每年產鐵能力，不過一百萬噸左右，每年產鋼能力不過十二萬噸。即使這些鐵廠能夠充分發揮它底生產能力，每年產鐵（假定產鐵一百萬噸）也還不過美國底三十七分之一（美國在一九二七年產鐵三千七百十五萬噸），德國底十三分之一（德國在一九二七年產鐵一千三百十萬噸），法國底九分之一（法國在同年產鐵九百二十九萬噸），英國底七分之一（英國在同年產鐵七百四十一萬噸），俄國底九分之一（俄國到一九三三年却產鐵九百萬噸），而只與印度相等。何況這些鐵廠，因種種政治經濟的原因，從來不曾發揮過它底全部生產能力，限制生產，或因政局混亂而停止工作，以致產額更少。從一九二二年至一九二七年，

新式鐵廠底每年產鐵額常在二十萬噸左右，至多不過二十五萬噸（一九二七年），少則只有十六萬噸（一九二四年）。而且這些鐵，大部分都運到日本去。本來中國現在每年也需要消費鋼鐵（鋼和鐵）五六十萬噸，以全國每年產鐵不過三四十萬噸（包含舊式鐵廠每年產額約十六七萬噸），產鋼不過三四萬噸（近年已經停煉），全數供本國消費，尚嫌不足，斷沒有剩餘的鋼鐵可以輸出的。可是因為中國底鐵工業，也與鐵礦業一樣地操於日本帝國主義者手裏，所以中國不能不以賤價輸出本國生產的鐵鋼，而以高價購買外來的鋼鐵。這是殖民地資本主義底運命。

第三節　農業

一、農村經濟的商業化

在帝國主義經濟勢力沒有侵入中國以前，中國底農村經濟，大體上還是一種自給自足的經濟，農家所需用的物品，多半由自家生產，很少向市場購買。雖然那時已經有了或多或少的商品生產和貨幣經濟存在，但它們在農村經濟上還沒有大的作用，更沒有決定的作用。可是自從帝國主義經濟勢力侵入中國以後，情形便漸漸起了很大的變化。一方面，帝國主義者直接輸入商品於中國，由鐵路輪船等新式交通機關底發達而普及於一般農村；同時在中國城市尤其在通商口岸，又創造了資本主義的工業（或由帝國主義者直接創造，或由中國資產階級模仿帝國主義者而製造），以其製品銷售於農村。這樣，舊來自給自足的農村經濟，便受不了中外資本主義商品底壓迫而趨於崩潰，農家向市場購買商品的數量日益增多，自己底農產物出賣於市場的數量亦日益增多，因之對於貨幣的需要亦就日益加大，農村經濟漸漸起了根本的變化。

中國底人口，有百分之七十五以上是農民。帝國主義者輸入中國的商品及中國資本主義所生產的商品，自然有一大部分為農民所消費。中國資本主義生產的商品輸入於農村的越多，農民所購買的商品亦就越多。同時，農民所購買的商品，不僅從農村外輸入，而且從農村裏產出。隨着商業和市場底發展，本地農產物中，也有許多變成了商品，以供本地市場底需要。因之農民向市場購買商品的數量，就一天一天地加多。為明瞭現今中國農民向市場購買商品的情形起見，我們且根據金陵大學底調查（《社會學刊》第一卷第三期喬啟明氏底《中國農民生活程度研究》），介紹江蘇（蘇）、福建（閩）、安徽（皖）、河北（冀）、山西（晉）、河南（豫）六省十三處二千三百七十農家平均每一家庭由市場購買各種物品的百分率如下（自一九二二年至一九二五年調查）。

地點	衣服	食物	燃料	醫藥	生活改進	個人嗜好	器具設備	雜項	總計
(一)(蘇)江寧	一〇〇·〇	四七·二	七·三	一〇〇·〇	一〇〇·〇	九九·九	九八·四	一〇〇·〇	五七·九
(二)(蘇)江寧	九九·八	四一·五	—	—	一〇〇·〇	一〇〇·〇	—	—	五三·八
(閩)連江	九九·九	一二·九	—	一〇〇·〇	一〇〇·〇	—	—	—	四〇·四
(皖)宿縣	七二·八	一七·六	一九·五	一〇〇·〇	一〇〇·〇	九八·六	一〇〇·〇	一〇〇·〇	四〇·一
(三)(冀)鹽山	九六·三	一九·六	一九·八	一〇〇·〇	一〇〇·〇	九九·四			三四·九
(皖)懷遠	四七·三	一五·一	六·一	一〇〇·〇	一〇〇·〇	九七·七	一〇〇·〇	一〇〇·〇	三二·七

續表

地點	衣服	食物	燃料	醫藥	生活改進	個人嗜好	器具設備	雜項	總計
(四)(冀)鹽山	一〇〇·〇	二一·六	—	一〇〇·〇	一〇〇·〇	一〇〇·〇	—	—	三〇·三
(蘇)武進	九七·三	一二·三	九·五	一〇〇·〇	一〇〇·〇	一〇〇·〇	八七·八	一〇〇·〇	二八·〇
(晉)武鄉	一〇·一	〇·二	二八·六	一〇〇·〇	一〇〇·〇	一〇〇·〇	—	—	二八·〇
(皖)來安	八九·〇	三·五	—	一〇〇·〇	一〇〇·〇	一〇〇·〇	—	—	二六·〇
(豫)新鄭	一〇·〇	八·一	四三·一	一〇〇·〇	一〇〇·〇	九九·四	一〇〇·一	一〇〇·〇	二二·五
(冀)平鄉	七〇·五	一七·四	三·四	一〇〇·〇	一〇〇·〇	一〇〇·〇	一〇〇·〇	—	二〇·七
(豫)開封	一〇·一	五·一	二八·六	一〇〇·〇	一〇〇·〇	一〇〇·〇	一〇〇·〇	一〇〇·〇	一三·〇
平均	八一·七	一八·八	一一·三	一〇〇·〇	一〇〇·〇	九九·七	九五·一	九九·二	三四·二

註:(一)江寧太平門;(二)江寧淳化鎮;(三)一九二三年調查;(四)一九二二年調查。

從這個表看來,第一,我們可以知道各處農家向市場購買商品的程度是不一樣的,大概交通發達、鄰近城市的農村,其經濟商業化的程度必然要大些。江寧、連江、宿縣等處農家向市場購買商品的百分率之大於其他各處,就是表示這些地方底農村經濟受商品經濟支配的程度較大於其它各處。這種農村經濟商業化的情形,不僅少數地方如此,實在已成了全國農村一般的趨勢。第二,衣服一項,多半從市場購買,而且大部分在百分之九十以上。中外資本主義生產的紡織品,紛紛輸入於農村,破壞農家底手工紡織業,從這個統計中已經充分表現出來。第三,食物一項,農家向來由自己供給,可是近來向市場購買的數量却一天一天地多起來,甚至有百分之四十以上向市場購買者(如江寧底太平門和淳化鎮)。這有兩個原因:

一個是因為工商業發達，農家生產工業原料（如棉、蠶桑、苧蔴等）的日漸增多，生產食物的漸次減少，以致食物不能自給，非向市場購買不可；另一個是因為農民受軍閥、官僚、地主、豪紳、商人底剝削，不得不先把自己底食物出賣，隨後又千方百計買回自己所需用的食物。第四，燃料向來亦為農家所自給，近來有一部分向市場購買，亦是表示農民受商品經濟支配的程度漸次加大。第五，醫藥、生活改進、個人嗜好、器具設備以及雜項物品，差不多完全從市場購買，這是表示農村家庭手工業底破產。總之，中外資本主義商品底侵入農村，促進地方市場底發展，使農民底經濟生活日益依賴於市場，受市場和商人底支配，以至受中外資本主義底支配。

農民向市場購買商品的數量既然增加，同時，農民所生產的物品市場出賣的數量當然也跟着增加。對外貿易底發展，使中國農民為國際市場而生產的農產物日益增加；國內資本主義工業底興起，使中國農民為供給國內工業原料而生產的農產物也日益增加；商業資本、高利貸資本、高率佃租及苛捐雜稅底壓迫，使農民原為自家消費而生產的部分也不能不拿到市場上出賣。農村商品生產底增加，是幾十年一貫的傾向。例如荳類、穀米、小麥、蠶桑、棉花、蔴類、茶葉、烟葉、甘蔗、花生、菓實、菜蔬、畜牧等，為市場生產的數量一天增多一天。近年鴉片種植底增加，幾乎遍於全國各省，也是商品生產底表現。總之，自從交通發達，中外資本主義勢力侵入中國農村以來，農民便不能不為國內市場和國外市場而生產了。

就農民向市場購買商品的情形看來，就農民為市場而生產的情形看來，都可以斷定中國底農村經濟是一天一天地在商業化。農村經濟商業化的直接結果，就是引起貨幣需要底增加。農民購買農具和牲畜，必須用貨幣來支付，租田的押租和付給雇農的工錢，亦須用貨幣來支付；購買田地和改良設備，亦需要貨幣；購買日常用品及支付教育醫藥等費，亦少不了貨幣。繳納各種賦稅，亦已全用貨幣。就是那地主搾取佃農的主要形式地租，亦已有從實物地租進到貨幣地租的趨勢；在交通便利、商業發達、人口稠密的地方，這種趨勢格外明顯。

農村中商品經濟和貨幣經濟底發達，同時亦就是農村中商業資本及高利貸資本底發達。在中國農村中，商業資本和高利貸資本，往往互相扶助，以達到同一的目的。這兩種資本在農村經濟中的勢力，一天增加一天。多數農民，都逃不掉這兩種資本底壓迫。商業資本和高利貸資本底發展，促進中國農村經濟底商業化，日益依賴於市場，受市場底支配。國內市場和國際市場，漸次支配了中國底農村經濟。

還有農業機器底輸入，資本制農業底發生，也使中國農村經濟起了重大的變化。現在中國農村，因資本主義勢力底侵入，已有資本主義的農業公司存在。這種公司，以江蘇省為最發達。淮南及沿海底各鹽墾、墾植、墾牧等公司，就是例子。從南通呂四底通海墾牧公司算起，共計達四十所以上，其耕地遍及南通、如皋、東台、鹽城、阜寧五縣，長約八百餘里，其投資額已達三千餘萬元，雇用勞動者數亦不在少數。這不僅表示農村經濟底商業化，而且表示農業經營底資本主義化。據《農商統計》所載，從一九一二年至一九一九年，這種農業團體數及其已繳資本額如下。

年次	團體數	已繳資本額（元）
一九一二	一七一	六、三五一、六七二
一九一三	一四二	六、〇〇九、九六二
一九一四	一二九	四、九六〇、二〇九
一九一五	一二九	六、二四一、〇七五

續表

年次	團體數	已繳資本額（元）
一九一六	一三三	九、七九一、四八九
一九一七	一三二	一〇、六六三、四五六
一九一八	一九一	九、四九八、三〇九
一九一九	一〇二	一二、四六八、八〇四

在灌溉方面，近來亦已有採用機器的趨勢。抽水機底輸入，逐年增加；上海亦已有好幾家機器廠從事製造抽水機。在江蘇、浙江、安徽、福建等省，機器抽水已很流行。而且武進和無錫等地，已利經用電力運轉抽水機，灌溉田地。例如武進一縣，用這種方法灌溉的，在一九二六年約有四萬畝水田。這種新式灌溉機器，多為商人所購置，作為營利的工具。所以機器灌溉底發展，就是商人勢力和商品經濟底發展。

二、農村經濟的崩壞

中外資本主義勢力底侵入中國農村，不僅促進中國農村經濟底商業化，而且破壞了整個農村經濟，使中國農業生產日益減少，失業破產的農民日益增多。農村經濟底崩壞，早已成了普遍全國的嚴重的問題。舊的自給自足的農村經濟已被破壞，而新的高級的農村經濟，却沒有建立起來。全國農民，大部分已經陷於絕望的境地。田園荒蕪，副業減少，牲畜缺乏，農具不完，糧食不足，衣服無着，遊民遍地，盜匪橫行，這已成了中國農村普遍經常的現象。

自從帝國主義勢力侵入中國，外國商品隨着交通機關底發達而輸入中國農村以來，中國底農村經濟便漸漸走向崩潰的道路。外國工業品輸入中國農村，破壞農村家庭手工業，使農民漸漸減少兼營副業的機會。其中最明顯的是棉紗棉布底輸入，破壞農村底手工紡織業。外國農產品底輸入，更予中國農業以一個直接的嚴重的打擊。幾十年來，外國糧食品底輸入逐年增加，棉花、烟葉等工業原料底輸入亦有增加的趨勢，糖類輸入底增加亦至足驚人，這些都是直接破壞中國底農村經濟。為明瞭這種趨勢起見，我們且先舉出一九一二年來中國最重要的糧食品米底輸入數量如下。

時期	數量（單位担）	值（關平兩）
一九一二（民元）	二、七〇〇、三九一	一一、六八〇、四六二
一九一三	五、四一四、八九六	一八、三八三、七一九
一九一四	六、七七四、三六六	二一、八四三、二五三
一九一五	八、四七六、〇五八	二五、三三六、三二八
一九一六	一一、二八四、〇二三	三三、七八九、〇四五
一九一七	九、八三七、一八二	二九、八五四、四九三
一九一八	六、九八四、〇二五	二三、七七六、九三三
一九一九	一、八〇九、七四九	八、三〇〇、二九一
一九二〇	一、一五一、七五二	五、四六二、四五五
一九二一	一〇、六二九、二四五	四一、二二〇、九九八
一九二二	一九、一五六、一八二	七九、八七四、七八八
一九二三	二二、四三四、九六二	九八、一九八、五九一
一九二四	一三、一九八、〇五四	六三、二四八、七二一
一九二五	一二、六二四、六二四	六一、〇四一、五〇五
一九二六	一八、七〇〇、七九七	八九、八四四、四二三
一九二七	二一、〇九一、五八六	一〇七、三二三、二四四
一九二八	一二、六五六、二五四	六五、〇三九、二三二
一九二九	一〇、八二三、八五五	五八、九八一、〇四五
一九三〇	一九、八九一、一〇三	三一、二三四、一九三
一九三一	一〇、七四〇、八一〇	六四、三七五、八五一
一九三二	二一、三八六、四四四	一一五、三〇六、三三一

中國人向來自以為是一個農業國而且是產米國（南方各省多產

米），誰知每年竟有一千萬担至二千萬担米底輸入，已經成了經常的現象。這在一方面是表示中國農村經濟底衰落，同時在別方面又是表示帝國主義對於中國經濟的支配力加大，帝國主義破壞中國底農村經濟。這種情形，以廣東為最顯著；其次是江蘇、浙江、河北、福建等省。這里固然有一部分原因是由於農民改植別種產物（如棉花、烟草等），可是大部分原因却由於農業生產底衰落。越是在沿海各省，交通越便利的省區，其農村經濟受帝國主義支配的程度亦就越大。廣東、江蘇、浙江、河北、福建等省洋米輸入之多於其他各省，便是確實的證明。

中國北方各省是產麥區域，小麥底輸出向來是超過輸入；可是從一九二三年來，亦變成輸入超過輸出了（只有一九二八年是出超）。茲將一九一二年來小麥底輸入數量，列舉於下。

時期	數量（單位担）	值（關平兩）
一九一二（民元）	二、五六四	七、四八九
一九一三	二、〇六四	六、二一三
一九一四	九九八	三、一九〇
一九一五	二、五八六	一〇、三三八
一九一六	五〇、五五五	一三一、〇〇六
一九一七	三六、一六九	七九、九三三
一九一八	一六	八四
一九一九	二〇	八八
一九二〇	五、四二五	三三、二九七
一九二一	八一、三四六	三〇一、八〇五
一九二二	八七三、一四二	三、〇五七、八〇七
一九二三	二、五九五、一九〇	九、〇九六、〇六五
一九二四	五、一四五、三六七	一七、六八九、七四九

時期	數量（單位担）	值（關平兩）
一九二五	七〇〇、一一七	二、六五四、七四七
一九二六	四、一五六、三七八	一七、九六五、一九四
一九二七	一、六九〇、一五五	七、〇五五、六六七
一九二八	九〇三、〇八八	三、三三八、八八六
一九二九	五、六六三、八四六	二一、四三〇、七八五
一九三〇	二、七六二、二四〇	一二、八三〇、六九八
一九三一	二三、七七三、四二四	八七、六三九、三〇一
一九三二	一五、〇八四、七二三	五二、〇五八、九六四

此外，在糧食品方面，還有麵粉底入超，每年達幾百萬担（從一九二二年起），一九二九年入超額竟達一千二百萬担。總之，號稱農業國的中國，近來因農村經濟底崩壞而有大批糧食品底輸入。中國底糧食恐慌，已經到處暴露出來。這是今日中國一個最嚴重的經濟問題和社會問題。

其次，工業原料輸入底增加，也一樣地表示中國農村經濟底衰落。在這里，我們且舉出一九一二年來棉花輸入底數量如下。

時期	數量（單位担）	值（關平兩）
一九一二（民元）	二七九、一九二	六、一七九、八五二
一九一三	一三三、二五五	二、九八四、〇二二
一九一四	一二六、四八八	二、八七二、一一八
一九一五	三五七、八二一	六、六一九、三九〇
一九一六	四〇七、六四四	八、〇六八、七九〇
一九一七	三〇〇、一二八	六、四〇六、二二四
一九一八	一九〇、一一〇	六、〇七〇、五一七
一九一九	二三九、〇〇三	六、四九九、〇七三
一九二〇	六七八、二九七	一七、九九三、一七〇

續表

時期	數量（單位担）	值（關平兩）
一九二一	一、六八二、五二六	三五、八六八、八五六
一九二二	一、七八〇、六一八	四一、九五六、一八七
一九二三	一、六一四、三七一	五三、八一六、二〇一
一九二四	一、二四一、八八一	四六、〇七六、三七二
一九二五	一、八〇七、四五〇	六九、九六五、一七七
一九二六	二、七四五、〇一七	九三、七五〇、五四〇
一九二七	二、四一五、四八二	七九、八一二、六五三
一九二八	一、九一六、一四〇	六七、九八一、四一七
一九二九	二、五一四、七八六	九一、一二三、八五七
一九三〇	三、四五六、四九四	一三二、二六五、六六九
一九三一	四、六五二、七二六	一七九、〇八二、二四六
一九三二	三、七一二、八五六	一二〇、五七七、四七五

　　自從一九二〇年以來棉花底輸入總是超過輸出而且有越益增加
的趨勢，這在一方面固然是表示中國紡紗業底發達，在別方面卻是
表示中國農村經濟底衰落。中國棉花底產量，在最近十幾年來，並
沒有什麼增加，甚至還有減少的趨勢。同時，棉田底面積，近來卻
有增加的趨勢。棉田面積增加而棉花產量減少，這顯然是表示中國
農村經濟底衰落。茲根據華商紗廠聯合會棉產統計部報告，將一九
一九年至一九三〇年全國棉田面積及產棉額列舉如下。

年次	棉田面積（畝）	產棉額（担）
一九一九	三三、〇三七、八八一	九、〇二八、三九〇
一九二〇	二八、三二七、二九七	六、七五〇、四〇三
一九二一	二八、二一六、一六八	五、四二九、二二〇
一九二二	三三、四六四、五九五	八、三一〇、三五五
一九二三	二九、五五四、〇五三	七、一四四、六四二

續表

年次	棉田面積（畝）	產棉額（担）
一九二四	二八、七七一、五七七	七、八〇八、八八二
一九二五	二八、一二一、〇二七	七、五三四、三五一
一九二六	二七、三四九、七二七	六、二四三、五八五
一九二七	二七、六一〇、二七六	六、七二二、一〇八
一九二八	三一、九二六、三一一	八、八三九、二七四
一九二九	三三、八一一、二五五	七、五八六、九五八
一九三〇	三七、五九三、〇一二	八、八〇九、五六七

　　從上述種種事實看來，可知中國農村經濟底崩壞情形，已經是非常嚴重的了。幾種重要農產物底情形如此，其他農產物底情形大體亦是如此。現在農業生產是一天一天地減少，而加於農民的壓迫却一天一天地增加。帝國主義者、資產階級、軍閥、官僚、地主、豪紳，聯合一致地壓迫農民，破壞農村經濟。資本主義商品底壓迫，內外債底壓迫，商業資本及高利貸資本底壓迫，高率佃租及押租底壓迫，巨額賦稅及兵差底壓迫，連年戰爭及盜匪底壓迫，勒種鴉片及濫發紙幣的壓迫，水旱蟲雹等災害頻仍的壓迫，一齊加在農民身上，絞盡了農民膏血，破壞了農村經濟尤其是戰爭和災害，更急激地大規模地破壞農村經濟。

第四節　對外貿易

一、發展的趨勢

　　近代歐美資本主義國家，侵入中國的最初目的，是要求與中國通商，即要求輸入商品於中國。在鴉片戰爭以前，中國雖然已經允許外人通商，但那時中國政府對於外人通商，採取極端限制的政策，只許外人在廣州一處貿易，而且貿易事業歸公行（華商所組織的貿易機關）和商館（外商所設的洋行或居留地）所包辦，因之貿易數額甚屬有限。這種限制貿易的辦法，當然不能滿足歐美商人底要求。於是那領袖羣倫的英國，便藉口中國官廳燒毀鴉片，而以軍艦大砲向中國要求自由通商的權利，所謂鴉片戰爭，便這樣發生。結果，於一八四二年訂立《南京條約》，開闢廣州、福州、廈門、寧波、上海五口為商埠，廢除公行制度；允許外商得在各商埠自由貿易。同時，還割讓香港給英國，作為英國對華貿易底根據地，承認關稅協定權，以助長外國商品底輸入。其後，各國相繼侵入中國，獲得同樣的自由通商權利。到了英法聯軍之役，尤其是中日戰爭之後，通商口岸大行增加（到清末止，強迫中國開放的商埠已有九十餘處，此外還有由中國自動開放的商埠多處），外人在華的扶助貿易的機關紛紛成立，而且有領事裁判權作護符，中國海關底管理權又落在外人手裏，以致各國底對華貿易大為發展，落後的中國從此完全變成各資本主義國家銷售商品，搜刮原料的場所了。

中國底對外貿易，自從一八六四年海關有報告以來，只有一八六四年及一八七二年至一八七六年輸出超過輸入，其餘都是輸入超過輸出。在這六十九年中，出超不過二千七百萬兩（出超最多的一八七六年，也只有一千萬兩），入超竟有六十六億四千萬兩。自從一八七七年以來，入超竟成了中國對外貿易一貫的傾向，到了一九三一年，入超竟達五億兩以上。為什麼有這種現象呢？主要的原因自然是中國底產業不很發達，無論製造品，原料品，或糧食品，都不能不仰給於外國，而中國國內沒有那許多商品輸出足以抵償外國輸入的商品。為什麼中國底產業不很發達呢？主要的原因便是受協定關稅底束縛，不能實行保護政策。因為先進國家底商品，其成本往往輕於後進國家；後進國家為避免先進國家商品底壓迫，其最有效的辦法便是實行關稅保護政策，提高進口稅率，限制外國商品底輸入，以保護本國產業。許多後進的資本主義國家，如德，美，日本，都以這樣的方法發達起來。但是中國因為受協定關稅底束縛，不能採用這樣的政策。中國過去的關稅率，一則稅率甚低（名義上是值百抽五，實際上是值百抽三；在華盛頓會議以後稍有增加），二則進出口稅率相同（各帝國主義國家為獎勵出口貿易計，多免除出口稅），所以不但不能保護本國產業，反而保護外國商品底輸入。加以中國商品，到處受厘金底壓迫；外國商品，只須繳納子口半稅（值百抽二‧五）便能通行無阻，以致更加助長外國商品底輸入。近來中國雖然在名義上已經恢復關稅自主權，改訂進出口稅則，但在實際上除了增多若干關稅收入外，與以前依舊差不了好多。總之，中國政府不能實行關稅保護政策，是使中國產業不能順利發達，輸出不能增加，輸入不能減少，以致輸入超過輸出的主要原因。此外，中國政治底混亂，捐稅底繁重，交通底阻滯，天災人禍底流行，生產力底破壞，也都是入超底重要原因。而這些促進入超的原因，大都是帝國主義侵略中國的結果。帝國主義者，一方面以協定關稅的武器阻礙中國底產業發展，同時又因彼此利害底不同，往往利用接近自己的政治勢力，造成中國內戰，破壞中國交通，促成天災人禍，毀壞生產能力，以致中國底生產減少，土貨不能輸出國外。至於輸入增加而仍有銷路，那是因為年來財富多集中於少數通商口岸，帝國主義者又能以自己底力量運輸商品的緣故。所以中國底對外貿易年年入超的現象，完全是列強帝國主義者所造成的。

現在，我們為明瞭中國對外貿易底發展趨勢起見，先將歷年輸出入貿易價額，列表如下（單位關平兩）。

年份	輸入價額	輸出價額	貿易總額	入超或出超
一八六四	四六、二一〇、四三一	四八、六五四、五一二	九四、八六四、九四三	出超二、四四四、〇八一
一八七四	六四、三六〇、八六四	六六、七一二、八六八	一三一、〇七二、七三三	出超二、三五二、〇〇四
一八八四	七二、七六〇、七五八	六七、一四七、六八〇	一三九、九〇八、四三八	入超五、六一三、〇七八
一八九四	一六二、一〇二、九一一	一二八、一〇四、五二二	二九〇、二〇七、四三三	入超三三、九九八、三八九
一八九五	一七一、六九六、七一五	一四三、二九一、二一一	三一四、九八九、九二六	入超二八、四〇三、五〇四
一九〇〇	二一一、〇七〇、四二二	一五八、九九六、七五二	三七〇、〇六七、一七四	入超五二、〇七三、六七〇
一九〇四	三四四、〇六〇、六〇八	二三九、四八六、六八三	五八三、五四七、二九一	入超一〇四、五七三、九二五
一九〇五	四四七、一〇〇、七九一	二二七、八八八、一九七	六七四、九八八、九八八	入超二一九、二一二、五九四
一九一一	四七一、五〇三、九四三	三七七、三三八、一六六	八四八、八四二、一〇九	入超九四、一六五、七七七
一九一二	四七二、〇九七、〇三一	三七〇、五二〇、四〇三	八四三、六一七、四三四	入超一〇二、五七六、六二八
一九一三	五七〇、一六二、五五七	四〇三、三〇五、五四六	九七三、四六八、一〇三	入超一六六、八五七、〇一一
一九一四	五六九、二四一、三八二	三五六、二二六、六二九	九二五、四六八、〇一一	入超二一三、〇一四、七五三
一九一五	四五四、四七五、七一九	四一八、八六一、一六四	八七三、三三六、八八三	入超三五、六一五、五五五

年份	輸入價額	輸出價額	貿易總額	入超或出超
一九一六	五一六、四〇六、九九五	四八一、七九七、三六六	九九八、二〇四、二六一	入超三四、六〇九、六二九
一九一七	五四九、五一八、七七四	四六二、九二一、六三〇	一、〇一三、四五〇、四〇四	入超八六、五八七、一四四
一九一八	五五四、八九三、〇八二	四八五、八八三、〇三一	一、〇四〇、七七六、一一三	入超六九、〇一〇、〇五一
一九一九	六四六、九九七、六八一	六二〇、八〇九、四一一	一、二七七、八〇七、〇九二	入超一六、一八八、二七〇
一九二〇	七六二、二五〇、二三〇	五四一、六三一、三〇〇	一、三〇三、八八一、五三〇	入超二二〇、六一八、九三〇
一九二一	九〇六、一二二、四三九	六〇一、二五五、五三七	一、五〇七、三七七、九七六	入超三〇四、八六六、九〇二
一九二二	九四五、〇四九、六五〇	六五四、八九一、九二二	一、五九九、九四一、五八三	入超二九〇、一五七、七一七
一九二三	九二三、四〇二、八八七	七五二、九一七、四一六	一、六七六、三二〇、三〇三	入超一七〇、四八五、四七一
一九二四	一、〇一八、二一〇、六七七	七七一、七八四、四六八	一、七八九、九九五、一四五	入超二四六、四二六、二〇九
一九二五	九四七、八六四、九四四	七七六、三五二、九三七	一、七一四、二一七、八八一	入超一七一、五一二、〇〇七
一九二六	一、一二四、二二一、二五三	八六四、二九四、七七一	一、九八八、五一六、〇二四	入超二五九、九二六、四八二
一九二七	一、〇一二、九三一、六二四	九一八、六一九、六六一	一、九三一、五五一、二八六	入超九四、三一一、九六二

續表

年份	輸入價額	輸出價額	貿易總額	入超或出超
一九二八	一、一九五、九六九、二七一	九九一、三五四、九八八	二、一八七、三二四、二五九	入超二〇四、六一四、二八三
一九二九	一、二六五、七七八、八二一	一、〇一五、六八七、三一八	二、二八一、四六六、一三九	入超二五〇、〇九一、五〇三
一九三〇	一、三〇九、七五五、七四二	八九四、八四三、五九四	二、二〇四、五七九、三三六	入超四一四、九一二、一四八
一九三一	一、四三三、四八九、一九四	九〇九、四七五、五二五	二、三四二、九六四、七一九	入超五二四、〇一三、六六九
一九三二	一、〇四九、二四六、六六一	四九二、六四一、四二一	一、五四一、八八八、〇八二	入超五五六、六〇五、二四〇

　　照這個表看來，可知從一八六四年以來，中國底輸入貿易、輸出貿易以及輸出入貿易總額，根本的傾向都是增加的。尤其以輸入貿易增加得最快。在一八六四年，輸出超過輸入二百四十餘萬兩；到了一九三二年，卻變成輸入超過輸出五億三千六百萬兩。在一八九四年中日戰爭以前，貿易總額底增加還不很快，從一八六四年至一八九四年共三十一年間，只增加二倍，入超的數目也還不很大，至多不過四千萬兩（一八九〇年）。可是從一八九四年以後，貿易總額底增加便快於從前，到了一九〇四年（日俄戰爭開始的一年）便增加了一倍，到了一九一三年（歐戰前一年）便增加了二倍以上（共二十年間），到了一九三一年已增加到七倍半。入超的數目，也比以前大行增加，在一八九六年（中日戰爭告終後一年）便有入超額七千一百五十萬兩，從義和團運動失敗訂立《辛丑條約》（一九〇一年）以後，每年入超常在一萬萬兩以上（只在歐戰期間有相當

的減少），到了歐戰告終以後，每年入超竟常在二萬萬兩以上。茲為明瞭近十餘年來入超增加底情形，特以歐戰前的一九一二年為指數標準，列舉其增加指數如下。

年份	入超增加指數
一九一二（民元）	一〇〇%
一九二一（民十）	二九七%
一九三一（民二十）	五一一%
一九三二（民廿一）	五四四%

我們看了這一個表，更可以明瞭歐戰以來中國入超增加情形。中國底對外貿易總額，從一九一二年以來，已增加了一倍以上，因此，有人便以為中國底對外貿易發達很快。其實，這只是表面上的現象，還不是中國對外貿易底眞相。在實際上，中國現在的對外貿易，比歐戰前自然有了相當的發展，但其發展底速度很慢，增加底程度也不大，尤其是近來還有衰落的趨勢。這裏有兩個原因：第一是銀價低落，用銀幣計算貿易價額雖然增加，用金幣計算却未必增加，甚至大形減少。中國是用銀的國家，貿易價格都以銀兩為單位。而各國用金，因之國際貸借底清償，非以銀幣折成金幣不可。金銀比價常常變動，尤以近三年來變動得最厲害。而銀價底變動，常以金價為中心。金是世界的貨幣，銀是中國的貨幣。所以在國際貿易上，以金幣來計算物價，比用銀幣來計算物價要正確些。第二是物價高漲，引起貿易價額底增加。有些商品，實際數量並未增加甚至減少，只因物價高漲，以致其貿易價額顯出增加。明白了這兩個原因，才能明白中國對外貿易底眞實情形。而入超指數的突飛猛進，更把中國經濟破產的眞相暴露出來了！

二、進口貿易

帝國主義者侵入中國的一個主要目的，就是要輸入商品於中國。外國商品輸入於中國的一年多一年，中國底農業和手工業也就一年衰敗一年。在鴉片戰爭前後，外國輸入中國的商品，大部分是鴉片及呢絨棉貨。當時通商範圍不大，貿易數量還不很多（在一八三〇年，洋貨進口共計二千六百八十萬元），對於中國經濟還沒很大的影響。可是自從英法聯軍之役尤其是中日戰爭之後，通商口岸既然大行增加，各種扶助貿易的機關又都先後成立，自然要使外國商品底輸入有長足的進步，因之對於中國民衆底經濟生活也就發生極大的影響。近代中國社會經濟底變動，便是由於帝國主義者對華輸入商品所引起的。

然則帝國主義者輸入一些什麼商品到中國來呢？這裏要詳細列舉，自然是做不到。我們為便於了解計，且先舉一個歐戰前的一九一三年、歐戰後的一九一九年及最近幾年的進口商品性質分類表如左（單位千關平兩）：

年份	牲畜	食物及飲料	生熟原料	製造品	金銀估值	總計
一九一三	八八四	一〇九、七二九	八〇、一九一	三九五、四八六	五八、七七七	六四五、〇六七
一九一九	三一八	八七、九〇六	一三八、二九七	四五三、〇〇九	一一三、一七二	七九二、七〇二
一九二六	一一五	二八一、二六七	三〇八、三〇七	五五四、九六三	八〇、三八三	一、二二五、〇三五
一九二七	三〇七	二七七、一五〇	二七五、四一四	四八一、一六四	八三、九六六	一、一一七、九九六
一九二八	四四九	二七四、二四一	三二〇、四八四	六一四、八二八	一一七、九九二	一、三二七、九九三

續表

年份	牲畜	食物及飲料	生熟原料	製造品	金銀估值	總計
一九二九	三一五	三〇六、四二五	三四〇、二九一	六三四、二九一	一二二、四三五	一、四〇三、七五六
一九三〇	一三二	三一五、二七一	四〇五、九四一	六〇六、八八八	一〇五、一三五	一、四三三、三六七

再列舉這四類商品底百分比如下。

年份	牲畜	食物及飲料	生熟原料	製造品	金銀估值	總計
一九一三	〇·一四	一七·〇一	一二·四三	六一·三一	九·一一	一〇〇·〇〇
一九一九	〇·〇四	一一·〇九	一七·四五	五七·一五	一四·二七	一〇〇·〇〇
一九二六	〇·〇一	二二·九六	二五·一七	四五·三〇	六·五六	一〇〇·〇〇
一九二七	〇·〇三	二四·七九	二四·六三	四三·〇四	七·五一	一〇〇·〇〇
一九二八	〇·〇三	二〇·六五	二四·一三	四六·三〇	八·八九	一〇〇·〇〇
一九二九	〇·〇二	二一·八三	二四·二四	四五·一八	八·七三	一〇〇·〇〇
一九三〇	〇·〇一	二二·〇〇	二八·三二	四二·三四	七·三三	一〇〇·〇〇

　　從上面兩個表看來，除牲畜一項進口減少外，其餘各項在絕對的意義上都是增加的，不過在相對的意義上有的是減少了。我們從這兩個表裏可以看出：第一，生熟原料進口底增加是表示中國近代工業底發展，同時亦就是表示中國原料底缺乏及農村經濟底衰落。自從歐戰以來，中國底近代工業有了空前的發展，同時農村經濟因受中外資本主義底壓迫而急激地崩壞，不能供給工業所必需的原料，所以有巨額原料底輸入。第二，食物及飲料進口底增加是表示中國

農村經濟因受帝國主義壓迫而日趨崩壞，農業生產日益減少，號稱農業國家，連最重要的糧食也不能自給。第三，製造品在相對的意義上雖然減少，在絕對的意義上依然增加，從一九一三年底三億九千五百萬兩增加到一九三〇年年底六億六百萬兩，依舊占進口商品總額底一半左右。這是表示中國底近代工業雖然已有相當的發展，而實際上依舊是先進資本主義國家工業品底市場。而且在食物及飲料一項中，也有一大部分是製造品（如麵粉、洋糖等），在生熟原料一項中，也有不少經過加工製造的（即所謂熟原料或半製品），中國經濟底落後，觀此也就可以了然。第四，中國是一個年年入超的國家，每年仍有大批金銀流入，而且有與年俱增的趨勢，驟然看起來，好像是不可解的；其實，這是帝國主義者在華投資增加的結果（有人說華僑每年匯入中國的欵項有二三億元，是使金銀流入的重要原因。其實是不對的，因為華僑底匯欵並不足以抵償巨額的入超，而且帝國主義者每年在華投資所得的利息和利潤也足與華僑底匯欵相當甚至超過華僑底匯欵）。帝國主義者看見投資於中國可以獲得巨大的額外利潤，不僅把他們在中國購得的金錢仍舊投入中國各種企業中，或作為借款借給中國政府和私人，並且特意從本國輸送金銀到中國來，尤其是近年來因銀價底跌落，更有大批銀子底輸入（因中國用銀，將銀子投資於中國是有利的），以致中國底經濟更受帝國主義底支配。

其次，我們再將歐戰前的一九一三年，歐戰後的一九一九年及最近幾年各重要商品進口價額，列表如下（單位關平兩）。

貨名	一九一三年	一九一九年	一九二八年	一九二九年	一九三〇年
棉織品	一一三、三六九、八〇一	一四一、九八〇、一一六	一六六、五八一、二一五	一六七、四六〇、〇四九六	一三二、八八六、二六七
棉紗	七一、〇六〇、〇八九	七四、八九九、〇〇三	一六、六七〇、六一六	一四、三四七、三二〇	一〇、〇三六、〇四八
棉花	二、九八四、〇二二	六、四九九、〇七三	六七、九八一、四一七	九一、一二三、八五七	一三二、二六五、六六九
毛織品	四、九一四、一五五	三、六九三、〇二〇	三六、五一四、六〇四	三五、二四四、〇一三	一八、四五〇、七三八
米	一八、三八三、七一九	八、三〇〇、二九一	六五、〇三九、二三二	五八、九八一、〇四五	一二一、三四、一九三
小麥	六、二一三	八八	三、三三八、八八六	二一、四三〇、七八五	一二、八三〇、六九〇
麵粉	一〇、三〇〇、六一二	一、二四二、二八五	三一、四六四、四〇二	六二、九〇三、八六三	三〇、三五四、七一六
糖	三六、三〇六、四七〇	三五、六一一、二八一	九八、六九七、九二三	九八、七六〇、五四五	八六、三九〇、八〇六
烟草	一六、六四〇、三五二	二七、二一〇、五三〇	六〇、五六九、六四四	四九、一六二、四三三	五八、三七二、七四〇
魚介	一三、〇三三、六四六	一一、二五三、五七一	二四、一九五、七四三	二二、九二一、七八六	二三、三八四、二三一
煤	九、四九二、四四四	一二、五八七、〇二〇	二二、七九二、七八六	一九、〇九五、四六〇	四四、九一九、四七五
煤油	二五、四〇二、八四五	四六、七一二、五一四	六二、三八五、八三五	五五、一七七、四九八	五四、八六四、五四六
機器	四、六五〇、〇〇一	一四、一〇〇、四三九	二一、六四一、三六六	二九、八八六、三〇三	四四、二八三、二〇七
銅鐵	一二、一一六、〇七六	二四、三二二、六九一	三五、九四七、二二〇	五二、七九四、三三五	五六、五六四、九〇三
電氣材料	二、三三二、三三九	四、九九一、八一一	一一、三〇七、〇一四	一三、二七八、五六七	一七、二九九、五六六
汽車	四八五、一八二	二、一五八、九九八	四、九六〇、二〇五	一一、五〇一、四一一	七、二七〇、二七四

貨名	一九一三年	一九一九年	一九二八年	一九二九年	一九三〇年
木料	六、一一 一、八四九	八、八四 八、二五九	一八、七六 一、四五八	三一、三八 五、三〇〇	二五、八七 六、一〇一
紙	七、一六 九、二五五	一〇、二一 二、六五二	二九、〇四 八、八二五	三四、二四 五、七一五	三七、三八 四、二七五
顏料及染料	一七、七〇 四、五一七	九、二九 五、四一七	二六、八四 六、五七八	三三、一九 二、四〇六	二五、七六 五、四七一

　　以上十九種重要的商品，不僅每年有大量的輸入，價額都在一千萬以上，而且對於中國經濟有嚴重的影響，部分地可以表示中國經濟底發展狀況和受帝國主義壓迫的程度。第一，我們應當注意棉製品及棉花底輸入。棉織品底輸入，一方面有減少的趨勢（就價額上看，一九三〇年雖多於一九一三年，但我們應當攷慮物價漲高及銀價跌落等情形，而且在價額上亦已比一九一九年降低），同時在全體輸入品底比率上，始終是占第一位。這一面是表示中國底紡織業已有了相當的發展，同時又表示中國紡織業底發展還不能給予外來的棉織品以嚴重的打擊。中國最大的民族工業紡織業，無論在國內或國外，都要受日、英等國帝國主義者底壓迫。在中國各種新式工業中，帝國主義的勢力最大的紡織業；在外國輸入中國的工業品中，數額最大而地位最重要的也是棉織品。可見中國民眾最主要的衣料，大部分是靠帝國主義者供給的。中國經濟底隸屬於世界資本主義經濟，在這裏最容易看出來。至於棉紗進口底大減和棉花進口底大增，那自然是表示中國紡織業底發達的。此外，在紡織品方面，還有毛織品底輸入，每年達很大的價額，足以妨礙中國毛織業底發達。第二，我們應當注意飲食品進口底增加，尤其是糧食品進口底增加。中國號稱為農業國，以地大物博自傲，而其最重要的糧食品如米、

麥、麵粉等，每年都有大量的輸入，尤其以最近幾年輸入得最多。
這是表示中國農村經濟因受帝國主義的壓迫而日趨崩壞，以致農業
生產日益減少，不足以供本國民衆底需要，勢非仰給於外國不可。
同時又因帝國主義者輸入大量的農產品於中國，使中國農村經濟更
受壓迫，更趨衰落。卽如糖、烟草（烟草中有一部分是紙烟，一部
分是烟葉）、魚介等飲食品底大量輸入，一方面固然可以妨礙中國食
品工業底發展，同時也足以促進中國農村經濟底崩壞。第三，煤底
輸入增加，是因為中國雖出產了大量的煤，但因為支配權操在日、
英帝國主義者手裏，不能完全供中國人消費，以致中國每年仍非由
外國輸入大量的煤不可。煤油輸入底增加，是因為中國幾乎毫無所
產，而民間的需要又日益增加，只有從外國增加輸入的一法。現在
外國煤油底勢力，已經侵入中國底窮鄉僻壤，破壞中國農民底副業
舊式搾油業。以前鄉村裏點燈多用菜油或桐油，現在却多用煤油了。
從煤和煤油輸入底增加，我們可以看出中國人所需用的燃料，有一
很大的部分是靠帝國主義者來供給的。第四，機器和鋼鐵輸入底增
加，可以表示中國產業底進步，同時亦就是表示中國經濟底落後。
因為機器和鋼鐵是近代資本主義生產所絕對必需的，是近代產業底
基礎，所以機器和鋼鐵輸入底增加，是表示中國底近代產業有了相
當的進步。同時又因為中國經濟底落後，中國機器業和鋼鐵業底不
發達，所以才有大量的機關和鋼鐵底輸入。第五，電氣材料輸入底
增加，是表示中國電氣業底發展；汽車輸入底增加，是表示中國汽
車路底進步。中國底電氣業和汽車路，近年都有很大的進步，所以
電氣材料和汽車底輸入，近年增加得很快。其他如木料輸入底增加，
是表示中國底建築業和木器業底原料須仰給於外國；紙張輸入底增
加，是表示中國造紙業底不發達和印刷業底進步；顏料及染料輸入

底增加，是表示中國顏料及染料製造業底不發達。

三、出口貿易

帝國主義者輸入商品到中國來，同時就在中國換取他們所需要的商品，因之中國底商品也就出現於外國市場上。一個國家，有了進口貿易，必然有出口貿易。從進口和出口底關係上，才能看出整個對外貿易底真相。所以我們在說明了進口貿易之後，應當接下去敘述出口貿易。

中國出口貿易底發展，是表示中國產業一天一天地商業化，為世界市場而生產的物品一天一天地增加，落後的中國經濟一天一天地隸屬於先進的世界資本主義經濟。中國底出口貿易，並非因為中國底產業過於發達，國內有剩餘的生產品，非向外輸出不可；乃是因為外國帝國主義者既有大批的商品輸入，侵奪中國底市場，中國非設法輸出相當的土貨以抵償外貨輸入的損失及滿足帝國主義者採集原料的要求不可。這是與先進資本主義國家底出口貿易完全不同的。歐美日本等資本主義國家底對華出口貿易是帶有侵略的性質的，而中國底出口貿易却帶有被動的被侵略的性質。中國底進口貿易，由帝國主義者所促成，受帝國主義者底支配；同樣，中國底出口貿易，也由帝國主義者所促成，受帝國主義者底支配。

中國底出口貿易，向來以絲茶為最多；在鴉片戰爭前後，大部分出口品為絲茶（一八三〇年，全部出口品價值一千七百六十萬元，茶占一千多萬元，絲占一百六十餘萬元）；在十九世紀數十年間，差不多都執世界絲茶貿易底牛耳。可是茶底出口貿易，因遇印度和錫蘭茶底競爭，在十九世紀末期便已有衰落的趨勢，到了最近十餘年來，更是衰敗得厲害。絲底出口貿易，雖然從十九世紀末葉以來，常占出口貿易底第一位，有了相當的進展，但是近來也因為在世界市場上受不了日本絲底嚴重壓迫而趨於衰敗了（現在中國輸出的絲只占日本輸出的絲四分之一），只有荳類和荳餅底出口貿易近十餘年來有了很大的進展，其地位一天一天地重要起來。就全體看來，中國底出口貿易，近來因世界市況不振，已有衰落的趨勢。本來，近年金貴銀賤，有利於中國出口貿易；但因為世界一般生產過剩，購買力減退，中國連年內戰，生產力縮小，以致中國底出口貿易，不但沒有進步，反而有很大的退步。加以各帝國主義國家，為挽救本國經濟的危機，一致地高築關稅障壁，以阻止中國商品底輸入；而中國內地交通不便的地方，即使有了剩餘的生產也無法輸出；這自然要使中國底出口貿易更形不振了。總之，在這世界經濟恐慌的時代，各國爭欲增加輸出，減少輸入，貿易戰爭和關稅戰爭非常劇烈，中國底出口貿易是不會發達的。就客觀的形勢看來，中國底出口貿易，在最近的期間恐怕是不能改變衰落停滯的狀態的。

現在，我們為便於了解和比較計，也一樣地先舉出歐戰前的一九一三年，歐戰後的一九一九年及最近幾年的出口商品性質分類表如下（單位千關平兩）。

年份	牲畜	食物及飲料	生熟原料	製造品	金銀估值	合計
一九一三	六、七三一	一一一、四〇二	二二五、二二〇	五九、九五二	二四、一九四	四二七、五〇〇
一九一九	四、〇二二	二〇九、七四一	二二五、六八二	九一、六三五	一八、八六五	六四九、六七四
一九二六	二、二二五	二七四、五七九	四三七、七四四	一四九、七四七	三四、七八二	八九九、〇七七
一九二七	四、三八九	三一一、〇八八	四三九、六四一	一六三、五〇二	二〇、一八一	九三八、八〇〇
一九二六	四、三一六	三四八、五九九	四七四、四五八	一六三、九八二	五、五三七	九九六、八九二

年份	牲畜	食物及飲料	生熟原料	製造品	金銀估值	合計
一九二九	四、二一一	三八二、八九四	四七六、九〇一	一五一、六八二	一八、五七九	一、〇三四、二六七
一九三〇	五、一〇五	三四八、七四四	三九五、三三七	一四五、六五七	五四、六六四	九四九、五〇八

再將這四類商品底百分比列舉如下。

年份	牲畜	食物及飲料	生熟原料	製造品	金銀估值	合計
一九一三	一・五七	二六・〇八	五二・六八	一四・〇二	五・六五	一〇〇・〇〇
一九一九	〇・六二	三二・二四	五〇・一三	一四・一〇	二・九一	一〇〇・〇〇
一九二六	〇・二五	三〇・五四	四八・六九	一六・六五	三・八七	一〇〇・〇〇
一九二七	〇・四七	三三・一四	四六・八三	一七・四一	二・一五	一〇〇・〇〇
一九二八	〇・四三	三四・九七	四七・五九	一六・四五	〇・五六	一〇〇・〇〇
一九二九	〇・四一	三七・〇二	四六・一一	一四・六七	一・七九	一〇〇・〇〇
一九三〇	〇・五三	三六・七三	四一・六四	一五・三四	五・七六	一〇〇・〇〇

　　從以上兩個表中，我們可以看出幾點：第一，中國底出口貿易，以原料品和飲食品為最多，增加得最快。這些原料品和飲食品，大部分是農產品，為中國農民所供給。這在一方面是表示中國經濟底落後，中國是一個消納製造供給原料和食品的國家，在另一方面是表示支持中國對外貿易的主要力量是農民，受帝國主義壓迫最厲害的是農民。中國農民，因帝國主義商品底輸入，不能不替帝國主義國家生產原料和食品，不能不從自己底生活品中省出一部分來供給帝國主義者，以換取他們所輸入的商品。可是在資本主義社會，農產品與工業品交換，往往處於不利的地位。工業品底價格，往往高

於農產品底價格。因之農民不能不以賤價賣出自己底生產品，而以高價買入帝國主義者所輸入的商品。帝國主義者輸入中國農村的商品越多，中國農民為世界市場的生產便越益擴大，農產品便越益商品化，農民受帝國主義壓迫的程度也就越益深刻化，農民底生活也就越益惡劣化和奴隸化。中國農產品輸出底增加，是表示中國經濟隸屬於世界經濟的程度增加，中國農民受帝國主義者搾取的程度增加。第二，近年來中國原料和食品底出口都有減少的趨勢，這一方面是表示中國農村經濟底衰落，同時亦就是表示先進資本主義國家底農產品（尤其是美國和加拿大底農產品）日益壓迫中國底農產品，在世界市場上日益驅逐中國農業產品底銷路。現在世界底經濟恐慌，不僅起於工業方面，而且起於農業方面。近幾年來，世界農業恐慌已成了一個很嚴重的問題。各農產豐富的國家，都欲將其剩餘的農產品傾銷於世界市場。因之中國農產品底出口減少，進口增加，以致中國底農村經濟更陷於衰落的悲運。第三，製造品底出口（多銷售於南洋華僑之間）有相當的增加。是表示中國底工業有相當的進步。第四，金銀底出口沒有什麼增加甚至於減少，是表示外國在華的投資額增加。中國是一個每年入超的國家，照理金銀底輸出應當超過輸入，而實際上金銀亦是每年入超，便是因為帝國主義者每年在中國有巨大的投資的緣故。第五，牲畜底出口每年減少，是表示中國底牧畜業亦是在日趨衰落的過程中。

其次，我們再將歐戰前的一九一三，歐戰後的一九一九年及最近幾年各重要出口商品價額，列表如下（單位關平兩）。

貨名	一九一三年	一九一九年	一九二八年	一九二九年	一九三〇年
荳類	二三、三九六、八七六	四〇、一九六、八五五	一四七、三四二、六六七	一六六、二九一、四一二	一一三、〇三二、二二
荳餅	二六、三七二、六三六	四七、四八一、八七三	六〇、五七六、五三八	五六、六八七、五八五	五五、四三三、四五六
荳油	三、七二二、〇一二	二一、〇六〇、八七八	一〇、三六九、六二二	一二、二四三、〇九四	二二、三九六、七四〇
桐油		七、九六〇、九六八	二三、三〇二、二二一	二三、五一九、七〇二	三〇、五四六、八七二
生油	二、八三二、九九八	一三、九四九、四四一	五、二六九、六八〇	四、九七八、六〇九	一三、六七二、二三六
毛類	六、六五四、四四五	一三、九五七、五一七	二一、四六六、七三四	一六、六九〇、二八二	八、九四〇、三九七
生皮	一九、七八九、二五四	一九、八四五、七九〇	四八、三二二、五四五	四二、一三八、七〇八	三〇、五二五、一六一
蛋類	五、七三二、〇一七	二四、九三二、四九四	四三、七七九、〇四一	五一、七一九、八〇三	五一、一六〇、九七二
花生	五、一三八、二一七	五、八五〇、三三七	一〇、七五八、〇六一	三、五一八、一三六	五、〇六四、六八〇
芝麻	一三、三七二、一九四	一五、五七七、二六八	八、一六四、二七一	二、一三七、一九三	一五、〇六六、五〇六
小米		八、七四五、一五一	二三、一四七、一四七	一六、二六六、二〇一	二四、三三二、三五二
小麥	四、七六一、五〇五	一〇、〇七五、六二八	七、〇五七、六八九	三、〇五一、四〇九	七五、〇〇三
木料	二、五五五、二三〇	二、三一三、四九九	一七、七一四、七三四	一六、九〇七、七六九	一一、二九〇、七八五
茶	三三、九三六、七六九	二二、三九八、四三六	三七、一三三、八五三	四一、二五二、四一八	二六、二三八、九一三
絲類	八三、一五六、二八二	一一三、九五七、九〇八	一六〇、七八九、八九〇	一六五、一九〇、〇九三	一一九、〇三一、一六三

貨名	一九一三年	一九一九年	一九二八年	一九二九年	一九三〇年
絲織品	二〇、八七三、七七八	二三、二六〇、二二八	二四、六六五、三〇四	二二、五五一、五八五	二〇、三九五、五五四
棉花	一六、五八六、六三一	三〇、七八九、七二八	三五、九一四、五八七	二九、六〇三、七九一	二六、四九九、三〇七
棉紗		二、六九五、八六三	二一、五九〇、〇三九	一八、三四五、八一一	一八、九六五、五九四
棉製品	二、三五八、五五一	四、九六二、四四六	一六、三五六、一〇二	一八、五〇一、九八〇	一一、五八二、七一二
地毯		四六〇、五五〇	五、九三五、四一二	五、五九七、四九七	四、四二一、三一九
夏布	一、五六六、三〇五	三、一三八、〇八二	五、七九四、八四四	四、二三二、一〇〇	二、三九一、二六二
烟草	二、九二〇、五五五	一三、五八九、五三一	二五、三四四、五九四	一六、八九一、七五八	一二、三七四、六五〇
煤	六、五九二、〇七八	七、七〇〇、六八一	二八、四二二、六七九	三〇、九〇八、三〇一	二七、一一三、三九三
鐵砂	六〇九、七四四	二、四〇二、五二四	二、六六一、六四六	三、二一〇、七六三	三、四三〇、六二二
生鐵	一、三二〇、一〇四	八、一七五、〇二四	六、六四五、二四〇	六、四四〇、二五六	六、七七六、六五九
錫	一〇、九一六、九〇六	八、四二八、一三二	九、五一四、一四一	九、二八六、八七八	八、八〇八、〇七六
銻	九四二、五一九	六一五、三九八	三、八〇六、五三六	四、二二五、九九七	三、五六五、四六七

　　以上二十七種商品，可以說是中國輸出國外的重要商品。近十數年來，中國底出口貿易，以荳類進步得最快，在出口貿易上的地位也日趨重要。在一九一三年，荳類底出口價額還只有二千三百多萬兩，占出口貿易底第四位；到了一九二九年，便增加到一億六千六百多萬兩，增加六倍以上，一躍而居出口貿易底第一位。不過到

了一九三〇年，又突然減少了五千多萬兩（就數量說，是減少一千一百八十多萬擔），那是受世界農業恐慌底影響。荳類出口底增加，是由於東三省農業經濟底發展，荳類底十分之九是從東三省各埠（主要的是大連和哈爾濱）出口的，即是說十分之九是在東三省出產的。不幸在九一八以後，東三省失去，出口貿易受了嚴重的打擊，就是整個國民經濟也受了極大的打擊。桐油底出口貿易，較為順利，至今還有向上的趨勢。生油底出口，在歐戰後本有減少的趨勢，到了一九三〇年，又突而增加起來。毛類和生皮底出口，近年來都是向減少的方面走。蛋類底出口，比歐戰前已有很大的增加，近來還能維持原狀。花生和芝麻底出口貿易，近來都沒有多大的進展，大體是保持一九一九年底狀況。小米和小麥是糧食品，小米底出口還有相當的增加，而小麥底出口幾乎降低到無足輕重的地位了。木料底出口，比歐戰前雖增加了三倍，可是近年顯然已有衰落的趨勢，茶底出口，早已有衰落的趨勢，現在連歐戰前的地位都保不住了。茶在過去有一個時期，曾經占出口貿易底重要地位；可是近十餘年來，却一天一天地降落到不甚重要的地位了。以上所說的各種出口商品，幾乎是廣義的農產品或與農業有直接關係的半製造品。這些商品底出口貿易，近來大部分有衰落的趨勢，這一方面是由於世界經濟恐慌底打擊，別方面是由於農村經濟底崩壞。我們這些商品底出口貿易中，可以看出中國農業經濟受帝國主義支配的情形。

至於絲類底出口貿易，自從十九世紀末葉以來，一向居於出口貿易底第一位；可是到了一九二九年，第一把交椅竟為荳類所奪去；到了一九三〇年，雖然勉強復居第一位而其價額却減少了四千六百多萬兩，絲織品底出口，也一樣地有減少的趨勢。絲及絲織品出口底減少，必然要引起中國絲業底衰落。與這相對的，是棉紡織業底發展。近來棉花輸出底減少（比歐戰前是增加，因為中國棉花纖維很短，不宜於紡製細紗，必然有一部分向外國輸出），棉紗和棉製品輸出底增加，都是表示中國紡紗業底向前發展。中國底出口貿易，要算這是最有新鮮的意義的了。可是與此性質相近的地毯和夏布底出口，近年都有減少的趨勢。這是表示小工業性的地毯業和手工業性的夏布業，在大規模的機器生產的紡織業壓迫之下，只有日趨衰落之一途。烟草底出口，近來也是在日趨減少的過程中（主要的是紙烟底減少）。這是表示近來中國底烟草業亦有衰落的趨勢（但是英美烟草公司底營業還是蒸蒸日上的）。從以上幾種商品底出口貿易中，我們可以看出一部分中國工業（中國最重要的工業）底發展情形。

此外，中國底出口商品中，還有受帝國主義者直接支配的商品，那就是煤、鐵和鐵砂。中國底煤鐵礦和鐵工業，大部分是操在帝國主義者手裏，主要的是操在日本帝國主義者手裏。日本帝國主義者，因為本國缺少煤鐵，所以竭力在中國經營煤鐵礦業和鐵工業，將中國生產的煤、鐵和鐵砂直接運到日本去。因此，中國底煤、鐵和鐵砂，每年有大批運到日本去，而且有與年俱增的趨勢。中國底煤鐵，本來沒有什麼多餘，只能供自己需用；可是因為支配權握在帝國主義者手裏，以致不能不有大量的輸出，送給帝國主義者以很大的利益。帝國主義者直接經營的煤鐵礦和鐵工廠，固然可以使帝國主義者獲得極大的利益，就是帝國主義者間接支配的煤鐵礦和鐵工業，也一樣地可以使帝國主義者獲得莫大的利益。例如日本帝國主義者，投資於漢冶萍煤鐵公司，與漢冶萍公司訂立四十年的購買鐵砂和生鐵的契約，預先預定鐵砂和生鐵底價格，由此獲得了驚人的利益。在歐戰期中，漢冶萍公司售給日本生鐵約三十萬噸，鐵砂約一百萬噸（能煉生鐵六十萬噸）。當時生鐵市價，每噸高至二百餘元，平均亦有一百六十元；而漢冶萍公司僅以每噸日金六十元售與日本，依當時日金市價，僅合華幣三十元。因此，每噸生鐵所受的損失為華幣一百三十元，全體合計約損失華幣一億一千七百萬元。單看這一件事實，便可以明瞭帝國主義強迫中國輸出煤鐵等商品是如何的有利了。有利於帝國主義者，自然不利於中國民眾（決不會有"共存共榮"的事）。帝國主義者底額外利潤，全是中國民眾慘痛的膏血。我們從煤、鐵和鐵砂底出口貿易中，看出帝國主義者最獰猙兇惡的面孔——赤裸裸的榨取。其他如錫、銻等礦物底輸出，也有帝國主義者底勢力在其中發生作用，不過比較起來不大重要了。

　　總之，從上面所說的種種情形看來，中國底出口貿易受帝國主義者底支配所很顯然的。中國出口貿易底盛衰，完全是以整個世界資本主義經濟底盛衰為轉移。帝國主義者，在自己需要的時候，強迫中國輸出某些商品；在自己不需要的時候，又打擊中國某些商品底輸出。因之中國底出口貿易，完全沒有自主的可能。所以在這世界經濟恐慌的今日，中國底出口貿易，雖有金貴銀賤的刺戟，也還不免於衰落。

第五節　銀行

一、銀行底發展

　　中國內國銀行底起源，是在中日戰爭之後一八九七年創辦的中國通商銀行。在這以前，中國人自己創辦的金融機關，只有山西票號及錢莊等舊式金融機關。這些舊式金融機關，資本既然不大，組織又很簡單，隨着中國工商業底發展，便漸漸不能滿足中國資產階級底需要了。再加以外國銀行在中國經濟界的勢力一天增大一天，對於中國資產階級的壓迫亦就一天加重一天，自然要使中國先進的資本家感着有設立新式金融機關以適應環境的必要。首先看到這一層的，是當時著名的官僚資本家盛宣懷。由於他底努力，乃於一八九七年在上海成立中國通商銀行。這是中國商辦銀行底起源。其後於一九〇五年，在北京設立戶部銀行（後改名為大清銀行，至民國時又改組為中國銀行），為中國國家銀行底起源。繼之而起者，有浙江興業銀行、交通銀行、四明銀行底成立。但此時內國銀行發展很慢，直到一九一一年革命時止，全國還只有內國銀行八家。但是一九一一年底革命，給予舊式金融機關以很大的打擊，多數錢莊因此倒閉破產，使金融界起了很大的混亂。從此，舊式金融機關底缺點完全暴露出來，人們對於銀行的信仰便漸漸增加，新設的銀行也就漸漸加多了。同時，錢莊等舊式金融機關，也不能不改正一部分組織上的缺點以適應新的環境了。到了歐戰爆發以後，更給予內國銀行以一個很好的發展機會。當時中國對外貿易既然較前順利，而人們對於外國銀行的信仰又因德華、菲律濱等銀行底停業而減低；因此，內國銀行自然可以乘機發展起來，直到一九二三年後的世界的經濟恐慌已經波及於中國底一切企業，銀行事業才轉入一個整理底時期。但近數年來，內國銀行底發展又有猛進底氣象。茲為明瞭內國銀行底發展狀況起見，特將一八九七年至一九二五年內國銀行設立數目，列表如下。

一八九七年	一
一九〇五年	一
一九〇六年	一
一九〇八年	三
一九一〇年	二
一九一二年	五
一九一三年	三
一九一四年	一
一九一五年	三
一九一六年	二
一九一七年	五
一九一八年	一〇
一九一九年	一一
一九二〇年	一三
一九二一年	二三
一九二二年	一八
一九二三年	一五
一九二四年	八
一九二五年	五
未詳	一一
合計	一四一

　　觀此，可知在一九一一年以前，全國還只有內國銀行八家，到了一九一六年，還只有二十二家；但到了一九二五年，便已經增加到一百四十一家了。近幾年來，尤以一九三〇年為最熱鬧，新設銀行及從新恢復營業的銀行有十五六家，添設分行及擴充營業者有三四十家。到了現在全國已有內國銀行二百多家，真可說極一時之盛了。

二、銀行底資本

我們要明瞭內國銀行底資本底增加情形，因為資本底增加比行數底增加更能表示銀行底發展情形。在一九一一年，全國七家內國銀行共有資本（實收資本）一千七百五十萬九千元。到了一九二一年，全國一百零六家內國銀行有資本（實收資本）一億四千四百零六萬六千元。到了一九二五年，全國一百四十一家內國銀行共有資本（實收資本）一億五千八百十六萬四百七十一元，公積金一千六百八十七萬元。內國銀行底資本，在十五年間，增加八倍。可是在同一期間，內國銀行底行數卻增加十六倍，可見資本底增加遠不及行數底增加之快。那是因為這些新設的內國銀行，資本多半不大的緣故。

至於最近全國二百多家內國銀行，共有幾多資本，則我們現在還得不到這樣的材料。這裏，為明瞭大概的情形起見，且將實收資本在一百萬元以上的二十六家內國銀行底資本和公積金（根據各該行一九三〇年度營業報告）列舉如下。

銀行名稱	設立年份	總行	實收資本（元）	公積金（元）	合計
中國	一九〇五	上海	二四、七一〇、五〇〇	一、二二三、〇五八	二五、九三三、五五八
中央	一九二八	上海	二〇、〇〇〇、〇〇〇	一、三五二、二三一	二一、三五二、二三一
交通	一九〇八	上海	八、七一五、五二五	二、一六七、八五七	一〇、八八三、三八二
鹽業	一九一五	天津	七、五〇〇、〇〇〇	四、八四八、二一二	一二、三四八、二一二
中南	一九二一	上海	七、五〇〇、〇〇〇	一、二五〇、〇〇〇	八、七五〇、〇〇〇

續表

銀行名稱	設立年份	總行	實收資本（元）	公積金（元）	合計
金城	一九一七	天津	七、〇〇〇、〇〇〇	二、二一〇、〇〇〇	九、二一〇、〇〇〇
中國國貨	一九二九	上海	五、〇〇〇、〇〇〇		五、〇〇〇、〇〇〇
大陸	一九一九	天津	三、五七五、五〇〇	一、六〇三、五七〇	五、一七九、〇七〇
中國實業	一九一九	天津	三、五〇七、四〇〇	八二八、二〇五	四、三三五、六〇五
中國通商	一八九七	上海	三、五〇〇、〇〇〇	二、七六四、九五一	六、二六四、五五一
東萊	一九一八	天津	三、〇〇〇、〇〇〇	二六一、九一〇	三、二六一、九一〇
中國農工	一九二七	北平	二、九一〇、〇〇〇	四一〇、〇〇〇	三、三二〇、〇〇〇
上海	一九一五	上海	二、五〇〇、〇〇〇	二、〇〇〇、〇〇〇	四、五〇〇、〇〇〇
浙江興業	一九〇六	上海	二、五〇〇、〇〇〇	二、三〇四、〇二八	四、八〇四、〇二八
中國墾業	一九二九	上海	二、五〇〇、〇〇〇	一二、五〇〇	二、五一二、五〇〇
四明	一九〇八	上海	二、一〇〇、〇〇〇	二、五三〇、四三四	四、六三〇、四三四
浙江實業	一九一五	上海	二、〇〇〇、〇〇〇	一、九〇〇、〇〇〇	三、九〇〇、〇〇〇
中孚	一九一六	上海	二、〇〇〇、〇〇〇	四三〇、〇〇〇	二、四三〇、〇〇〇
國華	一九二八	上海	一、六八二、〇〇〇	九〇、一九六	一、七七二、一九六
聚興誠	一九一三	重慶	一、〇〇〇、〇〇〇	三〇六、四〇七	一、三〇六、四〇七
中華勸工	一九二一	上海	一、〇〇〇、〇〇〇	五五、八二一	一、〇五五、八二一

續表

銀行名稱	設立年份	總行	實收資本（元）	公積金（元）	合計
上海市	一九三〇	上海	一、〇〇〇、〇〇〇		一、〇〇〇、〇〇〇
廣東	一九一二	香港	九、五三二、一六〇	一、一〇〇、〇〇〇	一〇、六三二、一六〇
和豐	一九一七	新加坡	八、〇〇〇、〇〇〇	二、七〇〇、〇〇〇	一〇、七〇〇、〇〇〇
東亞	一九一九	香港	五、〇〇〇、〇〇〇	一、七五〇、〇〇〇	六、七五〇、〇〇〇
香港國民	一九二二	香港	二、五七一、六〇〇		二、五七一、六〇〇
總計			一四〇、三〇四、六八五	三四、〇九九、三八〇	一七四、四〇四、〇六五

以上二十六家主要的內國銀行，共有資本一億四千零三十萬四千六百八十五元，公積金三千四百零九萬九千三百八十元，兩項合計達一億七千四百四十萬四千零六十五元。這差不多與一九二五年一百四十一家內國銀行底資力相等。可見這幾年來，不但銀行底數目有了增加。就是銀行底資本也已有集中的趨勢。這二十六家銀行中，實收資本在五百萬元以上者有十家。即中國、中央、交通、鹽業、中南、金城、國貨、廣東、東亞、和豐十家銀行。這十家銀行，共有資本一億二百九十五萬八千一百八十五元，公積金一千八百六十萬一千三百五十八元，兩項合計達一億二千一百五十五萬九千五百四十三元。這種情形，若與先進的資本主義國家相此，自然還差得很遠；但就中國現在一般經濟發展程度看來，却不能不說是一種高度的集中了。

全國華商銀行，除了上面所述的有營業報告公佈的二十六家實收資本在一百萬元以上者外，還有富滇、中興、勸業、通惠、明華、

新亨、懷遠、聯華等銀行，其實收資本均在一百萬元以上。不過大
多數銀行，其實收資本都是在一百萬元以下。小銀行之多，就是表
示中國底銀行業還在初期的狀態，雖然已經有了很大的發展。

　　根據楊蔭溥氏底研究，在一九二一年末，全國有實收資本可攷
的七十八家內國銀行，共有實收資本一億六千九百四十八萬三千三
百五十六元（楊蔭溥著《中國金融論》六八至七九頁）。現在全國
共有內國銀行二百多家，中央、國貨等銀行均於一九二七年後成立，
中國、交通等銀行亦已增加資本數額，所以現在內國銀行底實收資
本總額，總在二億元以上，但至多不會超過二億五千萬元。如果連
公積金算在一起，大概是超過二億五千萬元的。這便是內國銀行自
身底資力。

　　中國銀行業底發展，亦與其它各種新式企業底發展一樣，集中
於少數城市和通商口岸，尤其是集中於上海。現在上海有內國銀行
近一百家；全國重要的銀行，其總行多設在上海。因之上海內國銀
行底資力，占全國內國銀行資力底一半以上。這是因為上海是全國
經濟底中心，上海底出入口貿易額幾乎占全國出入口貿易額底一半，
近幾年來又成為政治和財政底中心，募集和買賣公債的中心，而且
在帝國主義勢力底支配之下，不受內戰和政爭底直接影響，以致各
省下台的官僚軍閥及地主豪紳，爭先恐後地變賣財產搜括現錢到上
海來存款於上海各銀行以度其“租界寓公”的生活，因此全國流動
資金紛紛流入上海，越益助長上海銀行業底發達。各地方越窮，上
海越富。全國底窮，造成上海底富。上海銀行業底發達，便是全國
財富集中於上海的一個最有力的表現。

　　所以中國銀行底發達，是中國經濟生活中一個最重要的現象，
亦是中國經濟底一個畸形的表現，這些銀行資本，主要的並不是投

於各種工業，而是投於商業、公債及政府機關。尤其是投資於公債，可以獲得巨大的利益，所以近年來各內國銀行莫不熱心於公債投機。自從南京政府成立以來，發行公債九億元之鉅，不但是南京政府財政上的需要（卽軍事上的需要），而且是內國銀行投資上的需要。現在內國銀行與政府公債，利害關係非常密切，命運已經完全一致。倘若公債底信用破了產，則內國銀行大部分都會陷於破產的運命。

第六節　交通

一、建築鐵路的開端

鐵路為最重要的新式交通機關，也可以說是資本主義社會中代表的交通機關。中國底資本主義的發展，嚴格地說起來，是在中國建築鐵路以後。中國建築鐵路的起源，是在中日戰爭以前；但是眞正開始進行中國鐵路建築的時期是在中日戰爭以後，而鐵路本身底實際建築又大都是在義和團事變之後。到了一九一一年革命發生，鐵路建築便停頓了。最近二十年來，除東三省外，中國境內只有很短距離鐵路底延長，可以說一直停頓到如今。因此，中國底建築鐵路時期很短，只有從一八九五年至一九一一年約十六年，而實際上還只有從一九〇〇年至一九一一年約十二年。

在一八九五年中日戰爭以前，中國也曾有過兩次建築鐵路的事實。中國第一次出現的鐵路，是一八七六年完工的淞滬鐵路。該路於一八六五年由英國資本家組織公司開始籌備，中間停頓十年，於一八七五年興工建築，於次年二月通車。通車以後，生意很好，獲利頗厚。於是引起中國民眾和官廳底憤恨，藉口壓死人命，勒令停止行車。由李鴻章交涉，結果以銀二十八萬五千兩購回拆毀。第二次出現的鐵路，是一八八一年完成的唐胥鐵路（唐山至胥各莊）。此路為開平煤礦運煤而設，全長不過二十里，但為後來京奉鐵路（現改名為北寧鐵路）底始基，亦卽為今日中國鐵路底始祖。其後陸續延長，於一八八八年，西延至天津：於一八九四年，東造至綏中（山海關外）。至於接造至北京和瀋陽，那是中日戰爭以後的事。

二、建築鐵路的經過

在一八九五年中日戰爭告終以後，帝國主義者便以為瓜分中國的時機已至，一方面強迫租借各處重要的港灣，同時又爭先奪取建築鐵路的利權，以作伸張自己勢力的根據。當時獲得某處建築鐵路的利權，便無異劃割某地為自己底勢力範圍。帝國主義者之所以爭奪鐵路利權，因為一則可以輸出本國過剩的資本，取得額外利潤（借款有巨大回扣，甚至以八五交款）；二則可以銷售本國鐵路材料，而且可以用很高的價錢賣出；三則可以實際管理鐵路，把鐵路拿在自己手中，供自己使用；四則可以在鐵路沿線採掘鑛山及經營工商業：五則可以把鐵路所經過的關係區域劃為自己底勢力範圍，甚至可以在鐵路附近行使警察權和行政權，利用鐵路輸送自己底軍隊。因為有這些利益，所以帝國主義者在中日戰爭之後，紛紛向中國政府要求鐵路利權，與中國政府訂立了許多建築鐵路的契約。俄國首先於一八九六年獲得東清鐵路（後來改名為中東鐵路）敷設權。其後，各國紛起競爭，比利時（俄法二國底傀儡）獲得京漢鐵路（現改為平漢鐵路）建築權，美國獲得粵漢鐵路建築權，德國獲得膠濟鐵路及津浦鐵路北段（天津至韓莊）建築權，英國獲得京奉鐵路（現改名為北寧路）、津浦路南段（韓莊至浦口）、滬甯鐵路（現改名為京滬路）、滬杭鐵路等建築權，法國獲得滇越鐵路建築權。在這期間，卽從一八九五年至一九〇五年這十年間進行建築的鐵路，由外人直接投資經營的，有東清、膠濟、滇越三線，共計達二千一百零九哩；由借款興築的，有京漢、汴洛、正太、京奉、道清、滬甯、粵漢七線，共計達二千八百七十一哩。兩者合計達五千哩。這五千哩的鐵路，可以說全是帝國主義強迫建築的；其條件對於中國非常不利，簡直是直接宰割中國的利器。

可是從一九〇五年度至一九一一年滿清滅亡時止，形勢便稍有不同。這期間，因受日俄戰爭底刺戟，發生收回利權運動；關於鐵路契約，也不若從前那樣喪權為害之甚；管理經營權，已保留在中國方面，列強自己投資經營的鐵路，已不復出現。這期間除借款贖回粵漢、京漢等路建築權（自然，因此付了很大的贖價，白白吃了一個大虧，例如贖回粵漢鐵路建築權用款達六百七十五萬元）外，還由民間集資建築若干短距離的鐵路（如潮汕、新甯），而且完全用本國資本和本國工程師築成京張鐵路（計長百三十哩，卽今平綏路底一段）。然而大部分鐵路還是借款築成的，卽津浦、粵漢、廣九、滬杭、京漢、吉長、新奉（新民屯至奉天，為京奉路底一段）等是，合計達三千零二十三哩。但這些借款鐵路，都是在一九〇五年以前許給外人而延至本期才興築的。在這期間，除川漢鐵路建築權係新許給四國銀行團（英、美、德、法）外，可以說沒有什麼新的鐵路利權喪失。因此，有人稱這期間為收回鐵路利權時期。

然而滿清政府一倒，民國政府一成立，便重新現出列強爭奪鐵路利權的時代。袁世凱政府，為着實行武力統一的必要及藉款以謀收入底增加，乃盛行締結鐵路借款契約。其結果，從一九一二年至歐戰開始的一九一四年僅僅兩三年間，便締結了隴海、同成、正太、

欽渝、南京、浦信、沙興、寧湘、滇緬、滿蒙四鐵路、吉會、濟順
高徐、滬杭甬、株欽周襄十四件，線路延長合計九千一百八十一哩
的借款契約。其中只有與美國所訂的株欽周襄，是一九一六年底契
約。可是不久歐洲大戰爆發，列強沒有工夫顧到中國底鐵路投資，
因之這些鐵路契約也就沒有實行，不過供給中國若干墊款，以作內
爭之資罷了，在以上十四件內，只有滬杭甬線及隴海線有一部分築
成，其餘至今還沒有着手。自從一九一二年以來，中國底鐵路，除
東三省稍有興築外，幾乎完全處於停頓的狀態。

　　現在且把中國鐵路底名稱、開工年份、通車年份及哩數，列表
如下。

中國國有鐵路（包含若干商辦小鐵路）

鐵路名稱	開工年份	通車年份	哩數
北甯（京奉）	一八八一年	一九一一年	六九二
平漢（京漢）	一八九七年	一九〇六年	八二五
株萍	一八九九年	一九〇六年	五六
膠濟	一八九九年	一九〇四年	二八三
粵漢	一九〇一年	一九一八年	五〇四
廣三	一九〇一年	一九〇三年	三〇
道清	一九〇二年	一九〇七年	一一一
京滬（滬甯）	一九〇三年	一九〇八年	二〇四
汴洛	一九〇四年	一九〇八年	一一五
隴海	一九〇四年	一九二五年	五〇〇
潮汕	一九〇四年	一九〇六年	二六
平綏（京綏）	一九〇五年	一九二一年	五四九
正太	一九〇五年	一九〇七年	二一五
漳廈	一九〇六年	一九一〇年	三〇
新甯	一九〇六年	一九〇八年	六四

鐵路名稱	開工年份	通車年份	哩數
滬杭甬	一九〇七年	一九〇九年	一七八
廣九	一九〇七年	一九一一年	一一八
津浦	一九〇八年	一九一二年	六八八
南潯	一九〇八年	一九一五年	八〇
吉長	一九〇九年	一九一二年	七九
四洮	一九一七年	一九二三年	二六五
瀋海（奉海）	一九二五年	一九二七年	二〇〇
呼海	一九二五年	一九二八年	二三三
洮昂	一九二五年	一九二六年	一四二
打通	一九二五年	一九二七年	一五六
吉敦	一九二六年	一九二八年	一三〇
吉海	一九二七年	一九二九年	一二八
計			六、五〇一

外人經營鐵路

鐵路名稱	開工年份	通車年份	哩數
中東（東清）	一八九七年	一九〇三年	一、〇七二
南滿	一八九七年	一九〇三年	六九五
滇越	一九〇三年	一九一二年	二八八
廣九（英國所有部分）	一九〇七年	一九一〇年	二二
金福	一九二六年	一九二七年	六三
計			二、一四〇
總計			八、六四一

　　這一個表，告訴我們下面幾件事情：第一，除東三省外，全國所有的鐵路，都是在一九一一年以前開工興築的；第二，除北寧鐵路最初一段在一八八一年開工以外，其餘各線都是在一八九五年中日戰爭告終以後開工興築的（北寧路在中日戰爭以前，關內線大體

已築成，但未接造至北平；直到一九〇七年，才通至北平），而大多數還是在一九〇〇年義和團事變以後開工的；第三，中國境內各主要鐵路，除隴海路及平綏路底張綏段（張家口至綏遠）外，如北寧，平漢、津浦，京滬、滬杭、正太、中東、南滿、膠濟以及平綏路底平張段（北平至張家口），都是在一九一一年以前滿清末年造成的（津浦路全線通車雖在一九一二年十一月，但除黃河橋工外，南北兩段路工都已於一九一一年完成了）；第四，從一九一二年以來，中國境內的鐵路只有很短距離的增加，而且大部分是在東三省；第五，中國鐵路總哩數只有八千六百四十一哩（此外還有若干短距離的商辦鐵路及運煤運鐵的專用鐵路，不計在內），比美國少二十四萬三千零六十八哩（美國有鐵路二十五萬一千七百另九哩），比俄國少三萬八千四百三十哩（俄國有鐵路四萬七千另七十一哩），比印度少三萬多哩（印度有三萬九千另四十九哩），比日本（屬地除外）少三千多哩（日本本國有一萬一千七百另八哩），而這八千多哩鐵路中，外人經營的便有二千多哩。

三、鐵路底地域的分佈

其次，再看一看中國鐵路底地域的分佈如下。

省名	省內鐵路總哩數
河北（直隸）	一四四八
河南	九四一
山東	七七四
江蘇	五四四
雲南	二八八
湖北	二六八
山西	二六二

省名	省內鐵路總哩數
安徽	二一〇
湖南	一七一
浙江	一六〇
綏遠	一五八
察哈爾	一三九
廣東	一三一
江西	二五
福建	一九
遼甯（奉天）	一、六八五
吉林	八二七
黑龍江	七九七

　　我們看了這個表，可以知道中國鐵路網最發達的地方是東三省，共計有鐵路三千三百十哩，幾乎占中國鐵路總哩數底五分之二；其中遼寧省底鐵路哩數，又占東三省全鐵路哩數底一半以上，亦即是中國鐵路哩數最多的省份。中國幾條最大的鐵路，如中東路、南滿路都在東三省區域內，北寧路亦有一半在東三省區域內。在一九一一年以前，東三省底鐵路已經比關內各省多了；到了一九一二年以後，在相對的比例上更是增加了。因為從一九一二年以後，關內各省，因連年戰爭只有很短距離的鐵路延長（主要的是隴海鐵路及平綏鐵路底張綏段），惟有東三省因地理的關係及日本帝國主義勢力的關係而能避免內戰底直接打擊，比較能夠維持安定的秩序，再加以日本帝國主義為貫澈❶積極侵略東三省的計畫和東三省官商資產階級為發展自己利益起見，而有許多新鐵路底建築。在這期間，借日款

---

　　❶ "澈"當為"徹"。——編者註

築成的鐵路，有吉長、四洮、洮昂、吉敦諸線；用中國資本築成的，有瀋海、吉海、呼海、打通等路；名為中日合辦實為日人經營的，則有金福鐵路，以上九條鐵路，合計達一千二百九十六哩，占東三省全鐵路哩數三分之一以上。此外還有若干輕便鐵路及行將通車的齊克路和洮索路。這便是近年東三省鐵路發達底情形，為主是在一九一五年以後，伴隨鐵路發達而來的，是農工商業底發達，貿易額底增加。東三省底對外貿易額，幾乎占全中國對外貿易額底十分之三（輸出額早已超過十分之三），而其比率且有漸次增加的傾向。這是值得我們注意的。次於東三省而鐵路網比較發達的，是北方幾省，尤其是河北省。這是因為以前中央政府在北平，鐵路不能不以北平為中心來建築的緣故。所以大部分鐵路，都在揚子江以北；在揚子江以南，只有短距離的京滬、滬杭甬、粵漢、廣九等數線而已。中國鐵路，以北部為最多，其次是中部，再其次是南部。有些省份，如甘肅、陝西、新疆、貴州等省，竟到現在還沒有看見過鐵路。即如江西、福建，也不過有一點鐵路底痕跡而已。至於西藏、青海、蒙古底沒有鐵路，那是更不用說了。

四、航業底發展

現在我們再就中國航業底情形，作一綜合的攷察，以便我們得以了解中國航業底整個狀況。在這裏，我們首先要攷察歷年出入各口岸的船舶底發展情形。

因為出入船舶底發展，就是表示中國對外貿易底發展，表示中國經濟商業化底程度，亦同時就是表示中國經濟變動底趨勢。所以我們這裏根據歷年海關報告，將一八七三年來出入中國各口岸的商船隻數，噸數及其指數（指數以一九一三年為標準），列表如下。

年度	隻數	指數	噸數	指數
一八七三	一五、三八一	八・一	八、二二七、七五四	八・八
一八九五	三七、一三二	一九・五	二九、七三七、〇七八	三一・九
一九〇〇	六九、二三〇	三六・三	四〇、八〇七、二四二	四三・七
一九〇三	七七、〇一二	四〇・四	五七、二九〇、三八九	六一・四
一九〇四	二二三、八三五	一一七・三	六三、七七四、七〇六	六八・三
一九〇五	二二三、九五九	一一七・四	七二、七五五、五四七	七八・〇
一九一〇	二一九、八一〇	一一五・二	八八、七七六、六八九	九五・一
一九一一	一九四、二五二	一〇一・八	八五、九二九、五一一	九二・一
一九一二	一八二、七七九	九五・八	八七、五六二、七四八	九三・八
一九一三	一九〇、七三八	一〇〇・〇	九三、三三四、八三〇	一〇〇・〇
一九一四	二二〇、五九一	一一五・七	九七、九八四、二一三	一〇五・〇
一九一五	二〇六、八八七	一〇八・五	九〇、六六三、〇〇五	九七・一
一九一六	二〇二、〇一六	一〇五・九	八八、〇二〇、一〇一	九四・三
一九一七	二一三、四七三	一一一・九	八六、九〇七、〇四九	九三・一
一九一八	一九三、五六七	一〇一・五	八〇、二四七、七〇六	八六・〇
一九一九	二〇九、七五四	一一〇・〇	九五、七二五、九三五	一〇二・六
一九二〇	二一〇、六〇九	一一〇・四	一〇四、二六六、六九五	一一一・七
一九二一	二一四、五六六	一一二・五	一一四、六一九、五四四	一二二・八
一九二二	一八六、四二八	九七・七	一二四、一三一、三六一	一三三・〇
一九二三	一八二、七二二	九五・八	一三一、三〇四、五五六	一四〇・七
一九二四	一八六、三八二	九七・七	一四一、四三二、八二七	一五一・五
一九二五	一六七、七四六	八七・九	一二八、二〇二、六二五	一三七・四
一九二六	一五八、九九六	八三・四	一三四、六五九、六〇六	一四四・三
一九二七	一五四、二七五	八〇・九	一一六、二一〇、七八五	一二四・五
一九二八	一八六、八五一	九八・〇	一五二、六三〇、〇〇一	六一三・五
一九二九	一八六、五一四	九七・八	一五四、六六七、九一〇	一六五・七
一九三〇	一八〇、九八一	九四・九	一五五、六〇五、九五四	一六六・七

　　我們看了上面的統計表，可以知道兩個根本的傾向：第一，自

從一八七三年（這是中國開始有華人自置的輪船航行的一年）以來，出入商船噸數，除一九一一年因辛亥革命，一九一五年至一九一八年因歐洲大戰，一九二五年因五卅運動，一九二七年因國民革命軍北伐，比前一年有相當的減少外（在一九一一年以前，只有一八八五年及一八九三年比前一年略有減少），其餘都是逐年增加的，卽一般地說來，是有逐年增加的傾向，而且增加底速度也不算慢。在這五十八年間，從八百二十二萬七千七百五十四噸增加到一億五千五百六十萬九千九百五十四噸，大約增加到十九倍。從一八九五年（中日戰爭告終的一年）起，至一九〇四年（日俄戰爭開始的一年）增加到二倍以上，至一九一三年（歐戰前一年）增加到三倍以上，在歐戰告終以後五卅運動爆發以前卽一九一九至一九二四這六年間，發展也甚為順利，差不多每年增加百分之十左右。一九二八年後，每年也有相當的增加。就一九三〇年底噸數來看，也已經比戰前一九一三年增加約百分之六十六。這種出入商船噸數增加的情形，是表示中國航業底向前發展的。第二，自從一八七三年以來，商船出入隻數，至一九〇四、〇五年日俄戰爭時止，雖有繼續增加的現象，但在日俄戰爭以後，已有漸次減少的傾向，雖然有時增加（但沒有超過一九〇五年底隻數），有時減少。最明顯的是一九二二、一九二三、一九二六、一九二九、一九三〇這五年，噸數雖然都比前一年增加，而隻數却都比前一年減少。為什麼有這種噸數增加隻數反而減少的傾向呢？這是因為大輪船出入底增加和帆船底減少。現在為明瞭此種趨勢起見，將近年來出口輪船及帆船，列表如下。

年度	出入口輪船		出入口帆船	
	隻數	噸數	隻數	噸數
一八七三	九、五九一	六、七四八、二二〇	五、七九〇	一、四七九、五三四
一八九五	二八、一七六	二八、六八三、四〇八	八、九五六	一、〇五三、六七〇
一九〇〇	五五、五七六	三九、五五五、七六八	一一、六四四	一、二一一、四七四
一九〇三	六二、七三三	五五、九三五、〇二一	一四、九七九	一、二六〇、〇六八
一九〇四	七五、三三八	五七、六五〇、四一八	一四、八二六	六、二三〇、二三五
一九〇五	八八、三二二	六六、三七五、三二一	一三、六一四	六、三八八、二一三
一九〇六	九六、八九六	八一、三三七、二四四	一三、六二一	六、四二一、九二三
一九一〇	九〇、一七七	八八、三三八、三二一	一〇、四〇六	六、四二九、五五三
一九一一	九二、七〇三	八七、六一二、三三一	九、七〇六	六、四二九、九六三
一九一二	一〇〇、八八〇	八四、一二六、〇三七	一〇、六〇九	五、六一三、六一四
一九一三	一〇八、一一八	九一、一二六、三八八	一〇、六二四	五、一七三、一二五
一九一四	一〇五、九三三	八六、六四一、〇五六	一〇、八二五	五、七二〇、七五二
一九一五	一〇五、二九六	八二、一二六、三二〇	九、五一四	六、八五九、九四一
一九一六	一〇四、九四四	八〇、六四四、〇四四	九、七一九	六、〇二一、八五七
一九一七	九八、四二〇	七四、二〇一、三七七	八、一九七	五、〇二八、七五二
一九一八	一一二、五六四	八九、八四四、三七一	九、六〇六	六、〇四〇、五二四
一九一九	一一九、三七一	八九、一二〇、三七一	九、一九〇	五、八八一、五六四
一九二〇	一二一、三八八	九九、六四二、二一〇	八、二七一	四、六二四、四八五

續表

年度	出入口輪船 隻數	出入口輪船 噸數	出入口帆船 隻數	出入口帆船 噸數
一九二一	一二五，四三二	一〇九，三一九，七一四	八九，一三四	五，二九九，八三〇
一九二二	一二三，四〇一	一一九，三五四，九六三	六三，〇二七	四，七七六，三九三
一九二三	一二二，三七三	一二七，二七九，〇〇〇	六〇，三四九	四，〇二五，五五六
一九二四	一二三，二一三	一三六，七二九，五九八	五四，一六九	四，六〇三，二二九
一九二五	一二〇，〇九二	一二四，五一六，四六四	四七，六五四	三，六八六，一二九
一九二六	一七，三一一	一二二，二四九，四三一	四一，六八七	二，四一〇，一七五
一九二七	一〇六，五八八	一一二，〇四八，〇七三	四七，六八七	四，一六二，七二一
一九二八	一四一，一〇六	一四八，二六一，三四二	四五，七四五	四，三六八，六五九
一九二九	一四〇，八六一	一五〇，二〇三，四八八	四五，六五三	四，四六六，四二一
一九三〇	一三五，二〇六	一五一，七〇〇，二三五	四五，七一五	三，九〇五，七一九

　　看了這一個統計表，我們可以知道下面幾件事情：第一，從一八七三年至一九三〇年，出入輪船隻數增加到十四倍強，噸數增加到二十二倍半，噸數底增加速度超過隻數底增加速度，可見大輪船底增加超過小輪船底增加；從一八九五年至一九三〇年，隻數增加到五倍弱，噸數增加五倍強，兩者底增加速度已漸趨一致。第二，出入口輪船與帆船底比較，在一八七三年，輪船噸數為帆船底四倍半，占總噸數底百分之八十二強；但到了一八九五年，輪船噸數便已成為帆船底二十七倍強，占總噸數百分之九十六弱；到了一九三〇年，則已成為帆船底三十九倍弱，占總噸數底百分之九十七強了。可見新式航業已很快地壓倒舊式航業了。第三，一八七三年來五十八年間，出入口輪船噸數底發展趨勢，與全部出入口商船底發展趨勢，完全一致，即除一八八五年、一八九三年、一九一一年（辛亥革命）、一九一五至一九一八年（歐洲大戰）、一九二五年（五卅運動）、一九二七年這九年外，其餘四十九年，都是每年有增加的。這是表明近六十年來，輪船在中國航業界已取得絕對的支配地位，只有輪船是航業底代表者。知道輪船底發展，便無異知道航業底發展。第四，在一九一四年前，出入口輪船底噸數，雖有時增加有時減少，但大體上還是趨向增加的，而以一九一四年為最高度；從一九一五年起，便有漸次減少的傾向，至一九三〇年，已比一九一四年減少二百九十五萬餘噸，即減少百分之四十三強。這是表明近十餘年來，帆船底勢力，連保持現狀也做不到，竟日就衰落了。第五，出入口帆船底隻數，從一九〇五年起，便已漸次減少，而其減少底速度遠快於噸數底減少。這是表示帆船受了輪船底打擊，也不能不盡可能地改造成較大的帆船了。第六，從一九〇三年至一九〇四年，出入口帆船底隻數和噸數，都突然增加得很快，隻數增加到十倍以上，噸數增加到四倍半。這大概是中國土著資產階級及小資產階級，受了日俄戰爭底刺戟，覺悟到要發展本國航業的緣故。中國底舊式航業，要算從日俄戰爭至歐戰期間（一九〇四至一九一八年）最為發達了。從歐戰告終以來，其衰落的形勢是日趨明顯的。

第五章　帝國主義在中國的經濟勢力

我們從前章中，知道中國整個國民經濟的命脈——無論輕工業、重工業、農業、對外貿易、銀行、交通都在帝國主義者蹂躪宰割之下，它們在中國經濟侵略的形式，除勒索賠款外，大抵採用直接或間接投資的形式；再不然，就是以大礮似的商品，向城市與農村進攻，以不等價交換的形式，來榨取額外利潤。老實一句話，帝國主義在中國的經濟勢力，早已構成中國經濟連鎖上之一環，並且是最重要之一環。茲將帝國主義在中國的經濟勢力，分節述之如下：

第一節　外人在中國紡紗業中的勢力

我們在前面已經說過，自從一八九五年《馬關條約》訂立以來，外國帝國主義者便紛紛在中國通商口岸設立紗廠，以工業資本的形式實行進一步的經濟侵略。最初在中國設立紗廠的，是英、美、德三個帝國主義國家。日本本來是首先強迫中國訂約許給設立工廠權利的國家，並且已於一八九五年卜地於上海楊樹浦，成立東華公司計畫設廠事宜；但經詳細調查研究的結果，覺得當時在中國設立紗廠還不如在日本設立紗廠之有利，因而就把原來的計畫放棄了。後來日本三井洋行於一九○二年收買華商大純紗廠，改組為上海紡織會社第一廠。這便是日本帝國主義在中國擁有紗廠的開始。其後於一九○八年與中國資本家合辦九成紗廠，於一九一一年又設立內外棉會社第三廠。從此，日本帝國主義在中國紡紗業中的勢力，便有了相當的基礎。在別方面，美國資本家首先因經營失敗而退出中國紡紗業界；隨後，德國資本家也因歐戰而將工廠轉讓於英國。所以到了歐戰爆發以後，中國紡紗業界，便只有中、英、日三國資本家底勢力相角逐了。其中英國資本家，因其祖國忙於帝國主義的戰爭，無暇顧及中國底紡紗業，所以只能維持現狀，不能有什麼積極的發展。因此，實際上便成了中日兩國資本家互相競爭的形勢。在這時期，中日兩國資本家底紡紗業，都有很大的發展；而日商紗廠底發展，尤足驚人。在歐洲大戰前，日商紗廠底錠數，還不過九萬五千餘枚，比英國還不如；但到了歐戰後，日本底勢力便大行增加，其所有紡錠在一九二五年已增加到十倍以上，到了一九三○年已增加到十九倍了。（以歐戰前一九一三年為標準）茲將一九一三年、一九二五年及一九三○年中、英、日三國資本家所有的紗廠底紡錠數，列表如下。

經營主體	一九一三年（百分率）	一九二五年（百分率）	一九三○年（百分率）
華商	四三七、一七二（五二·五）	一、九八二、二七二（五六·三）	二、四九九、三九四（五五·六）
日商	九五、八七二（一一·五）	一、三三二、三○四（三七·八）	一、八二一、二八○（四○·五）
英商	一六七、九○二（二一·○）	二○五、三二○（五·九）	一七七、二二八（三·九）
總數	八三一、九四六（一○○·○）	三、五一九、八九六（一○○·○）	四、四九七、九○二（一○○·○）

（一九一三年，還有其它外商紗廠底紡錠十三萬一千枚）

145

　　觀此，我們可以知道從歐洲大戰以來，日本帝國主義者在中國紡紗業中的勢力，有了飛躍的發展，不但壓倒了英國資本家，而且漸次壓倒中國資本家。無論在絕對的意義或相對的意義上，都只有日本資本家底紗廠是蓬蓬勃勃地向上的。中國資本家和英國資本家經營失敗的紗廠，一移到日本資本家手裏，也會獲得良好的成績。中國資本家底紗廠常有停工或縮短工作的現象，而日本資本家底紗廠却常常驅使中國勞動者晝夜不斷地工作。他們有雄厚的資本，優秀的技術，周到而嚴厲的管理方法，利用中國底賤價原料和廉價勞力，積極地在中國紡紗業中擴張自己底勢力。他們在中國設立工廠，旣可以免納關稅，又可以節省運費。在中國製造商品賣給中國人，這是何等方便而有利的事情。何況他們底背後有國家底力量作後盾，得國家底保護和獎勵，在本國已有深厚的基礎，在中國又有領事裁判權作護符，有租界和租借地作根據，甚至有自己扶植的政治勢力幫助一切，因此自然可以很順利地在中國發展其經濟勢力了。所以日商紗廠迅速發展，決不是偶然的事。至於中國資本家底紗廠，在絕對的意義上雖然有了增加，但在相對的意義上却是減少了。本來在帝國主義的壓迫之下，中國底民族工業是很難發展的。中國最大的新式工業紡紗業，也與航業礦業一樣，實際上有一半以上操在帝國主義者手裏。

　　現在我們且把一九三〇年中、日、英三國資本家所有的紗廠底情形，列一個詳細的表如下。

	華商紗廠	日商紗廠	英商紗廠	總數
廠數	八二	四五	三	一三〇
資本（元）	一三九、四三〇、八〇〇	二〇八、九〇三、四八八	八、二六〇、〇〇〇	三五六、五二四、二八八
錠數	二、四九九、三九四	一、八二一、二八〇	一七七、二二八	四、四九七、九〇二
織機數	一七、〇一八	一四、〇八二	二、四八〇	三三、五八〇
勞動者數	一六四、二七五	七七、七九二	一三、一八九	二五五、二五六
用花量(担)	五、三〇一、九八九	三、一九一、七六九	三四五、九三二	八、八三九、六九〇
產紗量(包)	一、四八〇、九一五	八二三、四三七	七六、三一五	二、三八〇、六七一
產布量(疋)	六、八五四、〇九一	七、五八七、七六七	一、七三七、九八六	一六、一七九、八四四

這個表是根據華商紗廠聯合會第十次編訂的中國紗廠一覽表作成的。這里有幾點應該說明。第一，在華商紗廠中，包括四個有外資關係的紗廠，卽上海底崇信紡織有限公司，天津底裕大紡織有限公司和寶紗廠，河南鄭縣底豫豐紗廠。這四個紗廠，共有紡錠十五萬五千六百六十枚，消費棉花廿六萬二千六十八擔，產出棉紗七萬六千八百九十七包。第二，在華商紗廠中，還包括四個在創辦中的工廠（卽湖北沙市底沙市紡織股份有限公司，山西新絳縣底雍裕紡織公司，新疆迪化底阜民紡織公司，陝西臨潼底陝西民生紡織廠），一個長年在停工中的工廠（卽湖北紡織官局），兩個短期在停工中的工廠（卽上海底緯通紡織有限公司及厚生滋記紡織染有限公司，後者已於一九三一年以三百四十萬兩賣給申新紡織公司，改組為申新第六紡織廠）。這四個在創辦中的紗廠及一個長年在停工中的紗廠，

共有紡錠十二萬八千四百枚。第三，華商紗廠，若除去有外資關係
的紗廠及長年停工和未開工的紗廠來計算，則只有紗廠七十三個，
紡錠二百二十一萬五千三百三十四枚（還不到總數二分之一），用花
五百零三萬九千三百七十一擔，產紗一百四十萬四千零十八包。第
四，華商紗廠底資本，計規元三千三百七十萬六千兩（以規元一兩
合銀元一元四角計，共合銀元四千七百十八萬八千四百元），銀元九
千二百二十四萬二千四百元：兩者合計得出銀元一億三千九百四十
三萬八百元。第五，日商紗廠底資本，一種以規元計算，一種以日
幣計算。規元仍照前法，以每兩合銀元一元四角計，折合成銀元。
日幣則以每圓日金合華幣銀元二元計，折合成華幣。但日商紗廠有
兩種，一種是總公司設在中國，專門在中國營業者；一種是總公司
設在日本，僅在中國設立分廠者。關於總公司設在中國的紗廠，計
算其資本總數尚無困難。關於總公司設在日本的紗廠，在華商紗廠
聯合會所編的中國紗廠一覽表上，僅載一資本總數，未曾註明投於
在華紗廠中的資本實有多少，以致我們很難判明在華日商紗廠底資
本總數實際共有多少。因此，我想出一個方法，先求得總公司設在
中國的日商紗廠底資本總數，再以其紡錠總數去除，得出平均每一
紡錠擁有資本數，然後以此數去乘總公司設在日本的日商紗廠底紡
錠總數，便得出那些紗廠在華資本總數（自然是假定的）。再把兩種
紗廠底資本總數加攏來，便可以得出在華日商紗廠底資本總數。我
用這樣的方法計算的結果如下：總公司設在中國的日商紗廠（上海、
日華、東華、同興、公大、豐田、裕豐、鐘淵、泰安、滿洲、福紡）
底資本，有規元三千六百萬兩（合銀元五千四十萬元），日金四千三
百九十萬圓（合銀元八千七百八十萬元），兩者合計得銀元一億三千
八百二十萬元；這些紗廠共有紡錠一百二十萬四千八百五十九枚，

每枚平均擁有資本一百十四元七角；總公司設在日本的日商紗廠（內外棉、大康、富士、隆興、寶來五公司，其總公司資本合計日金一億九千二百六十八萬元，約合華幣三億八千五百三十六萬元），共有紗錠六十一萬六千四百二十一枚，以每一紗錠擁有資本一百十四元七角計，共有資本七千零七十萬三千四百八十八元；兩種紗廠合計得出銀元二億八百九十萬三千四百八十八元，這便是在華日商紗廠底資本總數。第六，英商紗廠共有資本五百九十萬兩，折合成銀元為八百二十六萬元（折合率照前）。

說明了這幾點以後，我們再拿這個表來研究一下。從紗錠數、織機數、用花量、產紗量來看，華商紗廠都多於日商紗廠（自然更多於英商紗廠），好像華商紗廠無疑地是佔優勢的。但是如我們在前面所說明，八十二個華商紗廠中，有幾個是在停工中，有幾個還沒有開工，有幾個還有外資關係（此外還有暗中有外資關係的），因而華商紗廠實際在運轉中的紗錠，還不到全體紗廠所有紗錠底一半。而且華商紗廠所紡製的多屬粗紗，很少紡製細紗，所以其產紗量當然要多於日商紗廠（用花量也如此），我們斷不能單單因為華商紗廠底產紗量多於日商紗廠，便機械地斷定華商紗廠底勢力優於日商紗廠。（紗廠底產紗能力，是因紗底粗細而不同的。）反轉來，我們倒可以從廠數、資本額、勞動者人數及產布量四方面，看出日商紗廠底優於華商紗廠。第一，四十五個日商紗廠只屬於十六個公司，八十二個華商紗廠卻屬於六十四個公司；日商廠數差不多比華商少一半，而公司數只有華商四分之一。這是表示日商紗廠底勢力集中，團結一致，在對華商競爭上占有很大的便宜（對付勞動者，自然也是更方便）。第二，日商廠數和錠數雖然少於華商而資本卻多於華商。華商紗廠平均每枚紗錠只有資本五十五元八角，而日商紗廠平

均每枚紡錠却有資本一百十四元七角，比華商紗廠多一倍。資本雄
厚，便能依一定的計劃，購買原料，販賣製品，經營生產，凡事有
所恃而無恐，不會像華商紗廠那樣因一時運轉不靈而停工而倒閉。
平時華商紗廠在購買原料上之所以受日商支配，便是因為缺乏流動
資本的緣故。在發生經濟恐慌或金融恐慌時，資本底勢力格外表現
得明顯，大資本底戰勝小資本，是鐵一般的法則。這在過去，已經
有許多事實證明（從一九二二年至一九二七年，華商紗廠破產改組
者達二十餘家），以後也還有事實來證明。第三，日商紗廠所雇用的
勞動者少於華商紗廠底一半，而其產紗量却幾乎有華商紗廠底十分
之六，其運轉錠數還超過華商紗廠底十分之七以上。換句話說，日
商紗廠底勞動者數只有全國紗廠勞動者數底百分之三十，而其產紗
量却有全國紗廠產紗量底百分之三四‧六，其運轉錠數則占全國紗
廠錠數底百分之四〇‧五。這是表示日商紗廠有雇用的勞動者，其
生產剩餘價值的能力是大於華商紗廠底勞動者的。第四，日商紗廠
底織機雖然少於華商紗廠，而其產布量却多於華商紗廠。這也是表
示日商紗廠底生產能力優於華商紗廠的。還有，我們如果再考慮到
近年來日商紗廠底勢力增加之迅速，其基礎之穩固和內容之充實
（公積金甚富，例如內外棉株式會社有公積金一千七百十四萬日金，
上海紡織株式會社有公積金三百二十二萬五千兩），技術之優秀和經
驗之豐富，以及日商紗廠大部分集中於全國經濟底中心地上海（日
商紗廠有三十廠設在上海，共有紡錠一百三十三萬八千零八枚，織
機九千八百四十六架，無論廠數、錠數和織機數，都多於上海底華
商紗廠）等情形，便更可以斷定日商紗廠在中國紡紗業界佔優勢的。
此外，英商紗廠也有相當的勢力。因此我們敢說在中國紡紗業中，
外國帝國主義者至少佔有一半的勢力。

第二節　外人在中國煤礦業中的勢力

　　這種尚在初步狀態的中國煤礦業，大部分還操在外國帝國主義者手裏，先就投資方面來看。據一九二九年日本《時事年鑑》（六九八頁）所載，投於煤礦的各國資本，共達九千七百四十萬元，其中日本占二千七百五十萬元，英國占二千二百萬元，中國占五千九十萬元。英日二國資本合計四千九百五十萬元，約與中國資本相等。但這是一九二〇年底情形，現在外國資本當然還不止此數。據《南滿鐵道株式會社事業概況》（八五至八六頁）所載，當一九二八年三月三十一日會計年度末，撫順烟台兩煤礦投資總數已達日金一億二百七十萬元。此外，如井陘煤礦有德股三分之一，札賚諾爾煤礦係中東路所辦，都沒有計算在內。還有，如漢冶萍煤鐵礦廠公司，前後共借日債四千萬元（日金），雖非全部投於煤礦業中，也至少有一部分是投於萍鄉煤礦中的。所以如果把外人在中國煤礦業中直接間接的投資合計起來，一定超過中國本國的資本。

　　再就產額方面來看。據伊藤武雄氏底《現代支那社會研究》所載，一九二〇年外人經營的及中外合辦的煤礦所出產的煤，共計九百四十八萬五千四百十六噸，約占同年新式煤礦總產額百分之六十六，新舊煤礦總產額百分之四十六（《現代支那社會研究》九〇頁）。此數也沒有把那有外債關係的煤礦計算在內。而且近年來外國經營的及中外合辦的煤礦，其產額多有增加，尤以撫順煤礦產額底增加率為最快。一九二三年，撫順煤礦連包括烟台煤礦在內，還只有產額四百七十八萬二千二百噸；到了一九二八年，把烟台煤礦除外，便已有產額六百七十一萬七百二十噸了（同年烟台煤礦產額有十五萬四千五百噸）。時間僅僅相隔五年，便已增加產額二百多萬噸。其它外人直接投資的煤礦，產額也多有增加。因此，於一九二五年，在全國煤礦總產額二千三百四十七萬四千噸內，外人經營的及中外合辦的煤礦底產額便占了一千二百餘萬噸，超過總產額底一半。總之，中國底煤礦業，卽從產額方面來看，也可以斷定大部分是在外國帝國主義者手裏的。

最後，我們且將幾個重要的煤礦公司，分別性質，列表如下。

公司名稱	地點	成立年份	性質	資本額	每年產煤能力
撫順煤礦公司	遼寧	一九〇七	日本經營	一〇〇、〇〇〇、〇〇〇日元	七、五〇〇、〇〇〇噸
開灤礦務局	河北	一九一一	中英合辦	二、〇〇〇、〇〇〇鎊	五、〇〇〇、〇〇〇噸
漢冶萍公司萍鄉煤礦	江西	一八九二	借日款辦	一三、〇〇〇、〇〇〇元	八〇〇、〇〇〇噸
魯大公司淄川及坊子煤礦	山東	一九二三	中日合辦	一〇、〇〇〇、〇〇〇元	八〇〇、〇〇〇噸
福公司焦作煤礦	河南	一九〇二	英國經營	一、二四二、八二二鎊	七〇〇、〇〇〇噸
井陘礦務局	河北	一九〇六	中德合辦	四、五〇〇、〇〇〇元	六〇〇、〇〇〇噸
本溪湖煤礦公司	遼寧	一九一〇	中日合辦	五、一五〇、〇〇〇元	五〇〇、〇〇〇噸
扎賚諾爾煤礦	黑龍江	一九〇七	中俄合辦	一二、〇〇〇、〇〇〇盧布	三八〇、〇〇〇噸
門頭溝煤礦局	河北	一九一八	中英合辦	二、九八〇、二五五兩	二八〇、〇〇〇噸
穆陵煤礦公司	吉林	一九二五	中俄合辦	六、〇〇〇、〇〇〇元	二五〇、〇〇〇噸

公司名稱	地點	成立年份	性質	資本額	每年產煤能力
中興煤礦公司	山東	一九〇五	中國商辦	七、五〇〇、〇〇〇元	八〇〇、〇〇〇噸
中原公司	河南	一九一五	中國商辦	三、〇〇〇、〇〇〇元	六五四、〇〇〇噸
六河溝煤礦	河南	一九〇七	中國商辦	三、〇〇〇、〇〇〇元	五五五、〇〇〇噸
井陘正豐公司	河北	一九一八	中國商辦	六、六〇〇、〇〇〇元	三六六、〇〇〇噸
保晉公司	山西	一九〇六	中國商辦	二、八六三、六四六元	三〇〇、〇〇〇噸
北票煤礦	熱河	一九二一	中國商辦	五、〇〇〇、〇〇〇元	二四〇、〇〇〇噸
臨城礦務局	河北	一九〇五	官商合辦	五二六、五〇〇元	二〇〇、〇〇〇噸
怡立公司	河北	一九二〇	中國官辦	三、〇〇〇、〇〇〇元	二〇〇、〇〇〇噸
中和公司	河北		中國官辯	四八〇、〇〇〇元	一八〇、〇〇〇噸
五湖嘴煤礦	遼寧	一八九八	中国商辦	三、〇〇〇、〇〇〇元	一八〇、〇〇〇噸
柳江公司	河北	一九一四	中国商辦	一、四四〇、〇〇〇元	一五〇、〇〇〇噸
賈汪公司	江蘇	一九一五	中国商辦	二、〇〇〇、〇〇〇元	一三〇、〇〇〇噸

　　觀此，我們更可以明瞭外資與中國煤礦底關係，尤其是英日帝國主義與中國煤礦底關係了。幾個較大的煤礦，如撫順、開灤，萍鄉、淄川、焦作，本溪湖，都在英日帝國主義者支配之下；在東三省的煤礦，十分之九受日本帝國主義者底支配；在中國本部，則以英國底勢力為最大。至於完全由中國資本家興辦的煤礦，規模較大

的只有中興、中原二公司及六河溝煤礦；但與撫順、開灤相比，仍然差得很遠。而且華商煤礦公司，近年來多受戰爭和政治的影響，不能盡量發揮其生產能力，因而不少陷於停頓甚至衰落的運命。如果今後政治不能安定，此種情形，恐怕還要繼續發展下去。

第三節　外人在中國貿易中的勢力

現在在中國市場上，有三個主要的帝國主義國家，互爭雄長，不相上下。這便是日本、英國和美國。英國是最早侵入中國的國家，有香港作對華貿易底根據地。有基礎最穩固的銀行、輪船公司和保險機關以扶助貿易進行，並有印度、加拿大等殖民地作它底援軍，所以它在中國對外貿易上的地位，向來是超越其它一切國家的。自從一八四二年《南京條約》訂立以來直到歐戰爆發為止，英國在中國對外貿易上總是坐第一把交椅的。可是歐洲大戰底爆發，給予英國底對華貿易以一個很大的打擊；同時日美二國底對華貿易，便乘機大行發展，尤其是日本底對華貿易，竟取英國底第一位而代之；美國底勢力漸漸有壓倒英國之勢。因此，到了歐戰完結以後，便成了三角鼎立的形勢。現在中國底對外貿易，大部分便操在這三個帝國主義國家手裏。從一九三一年起，美國底對華貿易，又取日本的第一位而代之。這裏，為便於了解計，且先舉出一九一三年、一九一九年及最近三年中國直接對外貿易總額國別表如下（單位關平兩）。

国别	一九一三年	一九一九年	一九三〇年	一九三一年	一九三二年
（一）日本	一八四、八九〇、八四八	四四一、八四七、〇二九	五四三、七二〇、一〇九	六〇、六八六、〇〇〇	二六五、五八三、〇〇〇
（二）美国	七三、〇七七、四九九	二一一、三五五、三八三	三六四、二八六、〇一七	四四一、五七四、〇〇〇	三二九、一六九、〇〇〇
英国	一一三、二五七、三五七	一七七、五二四、四八八	一七〇、九二六、九八三	一八四、五一二、〇〇〇	一五六、七七六、〇〇〇
（三）香港	二八八、七六四、七六〇	二八五、一二六、八四〇	三七六、三八八、〇六八	三七〇、三八九、〇〇〇	一三六、一三九、〇〇〇
印度	五四、四八二、四九七	三六、五八〇、一一八	一四九、一二一、五四二	一〇三、三〇四、〇〇〇	八六、一四七、〇〇〇
德国	四五、三二七、六二七	一六四、二三四	九二、四六六、七七〇	一〇六、六五二、〇〇〇	一〇一、七四七、〇〇〇
（四）俄国	六七、〇七四、三二五	三五、三八二、八六二	七四、四三三、四四六	七七、三〇七、〇〇〇	三三、三五一、〇〇〇
瓜哇	九、四四一、八五三	九、九三六、六九三	六〇、〇六七、三五八		
法国	四六、〇四九、二九九	三七、六六一、七九八	五九、六八六、六三四	五五、七九五、〇〇〇	三八、三六五、〇〇〇
朝鮮	一〇、三三九、八四九	三二、〇四九、四〇四	五八、二〇九、〇二〇	四〇、三九一、〇〇〇	二三、七七五、〇〇〇
荷蘭	一〇、一一六、三二九	一、八六九、六〇五	五五、六五四、七九九	六三、〇七一、〇〇〇	一七、二四四、〇〇〇
安南	六、六六九、〇八四	四、六六六、一一六	三二、〇六三、五二三	—	—
（五）比利時	二二、三七七、二三六	四、二一五、九七三	三一、九九〇、〇五一	—	—
新加坡	一六、四八八、一二六	二一、三三六、四四八	二八、七六五、五二六	—	—
意大利	八、九八一、六八九	六、一三五、八四八	二四、〇三一、三三四	—	—

近代中國經濟史

續表

国別	一九一三年	一九一九年	一九三〇年	一九三一年	一九三二年
加拿大	二、五一八、一〇五	二三、〇六八、八九九	一七、〇〇八、一〇〇	—	—
菲律濱	二、一五五、二六二	四、五三八、一六五	一二、七三五、五九〇	—	—
(六)澳門	一一、五四八、五二六	九、七六七、六三二	九、一二九、四八二	—	—
暹羅	二、〇八〇、一四四	三、一六四、一九七	八、九九五、〇六七	—	—
(七)澳洲	一、二三八、三六〇	一、三六七、二三〇	八、九〇三、二三七	—	—
(八)其他國家	一二、七一七、二〇二	一八、五二六、〇〇五	四四、四八一、六一六	—	—
合計	九八九、五九五、九七七	五、三一〇、三三八、九五五	二、二二三、〇七五、五八〇	二、三二七、六五三、〇〇〇	一、五五五、六〇六、〇〇〇

（一）包括台灣。
（二）包括檀香山。
（三）香港為一通過貿易的港口，其本身生產和消費均屬有限。所謂對香港貿易，實際便是對各國貿易。歐、美、日本、印度、南洋、澳洲及中國沿海各口，均有商品出入於香港。所以此處所謂從香港進口，即係從各國進口；所謂向香港出口，即係向各國出口。因海關貿易冊從未加以分析，作為一國待遇，所以這里亦只得照舊。
（四）包括俄國歐洲各口、太平洋各口、黑龍江各口及由陸路貿易。
（五）一九三〇年，包括盧森堡。
（六）澳門亦為一通過貿易的港口，屬於葡萄牙。對澳門貿易，亦有對各國貿易在內。
（七）包括新西蘭。
（八）包括瑞典、挪威、瑞士、丹麥、葡萄牙、西班牙、希臘、奧大利、捷克斯拉夫、但澤、芬蘭、波蘭、土耳其、波斯、埃及、東非洲、南非洲、墨西哥、中美洲、巴拿馬、南美洲等國。

其次，我們再把一九一三年、一九一九年及一九三〇年至一九三二年各重要國家輸入中國的商品及由中國輸出的商品底價額表，揭載如下（單位千關平兩）。

國別	一九一三年 洋貨輸目	一九一三年 土貨輸往	一九一九年 洋貨輸目	一九一九年 土貨輸往	一九三〇年 洋貨輸目	一九三〇年 土貨輸往	一九三一年 洋貨輸目	一九三一年 土貨輸往	一九三二年 洋貨輸目	一九三二年 土貨輸往
（一）日本	一一九，三四七	六五，五四四	二四六，九四四	一九五，〇〇六	二二七，一六五	一二六，五五五	一九五，七二八	二六四，九五七	一五一，〇〇七	一一四，五七六
（一）美國	三五，四二七	三七，六五〇	一一〇，二三七	一〇，一二七	一三二，一〇六	一九，三六一	一三三，二四一	一二〇，二〇五	二六九，一七六	五九，九九三
英國	九六，九一一	一六，三〇六	六四，三一二	五七，一八六	一〇八，二八八	六二，六六九	一一九，一九六	六五，五二六	一一九，一九二	三七，五八四
（一）香港	一七一，六三六	一七，一二九	一五三，六三一	一三，四九五	一一八，三七〇	一五八，一〇八	一二一，〇七七	一四七，三一二	六〇，四七四	七五，六六五
印度	四八，二九二	六，一九	二六，九八一	九，五九九	一三一，一六八	一六，九五三	八五，一一六	一八，一一八	六五，一七〇	二〇，九七七
德國	二二，三〇二	一七，〇二五	（三六八兩）	一六四	六九，一〇五	二三，三六一	八三，五一四	二三，三八	七一，九一四	二九，八三三
（一）俄國	二二，一五二	四四，九二二	一四，〇六一	二一，三二二	一九，〇二〇	五五，四〇三	二三，六五四	五四，六五三	八，九五一	二四，四〇〇
爪哇	六，八三七	二，六〇五	三，三七六	三，〇七二	四八，三六一	一一，七〇七				
法國	五，三〇〇	四〇，七五〇	六，八六四	三四，二八六	一六，九八七	四二，七〇〇				

續表

國別	一九一三年 洋貨輸目	一九一三年 土貨輸往	一九一九年 洋貨輸目	一九一九年 土貨輸往	一九三○年 洋貨輸目	一九三○年 土貨輸往	一九三一年 洋貨輸目	一九三一年 土貨輸往	一九三二年 洋貨輸目	一九三二年 土貨輸往
朝鮮	三、五一七	八、一三六	九、四三二	二二、六八	一四、○三五	四四、一七五	一○、七六○	二九、六三一	三、九○七	一九、八六八
荷蘭	一、四二四	八、六九二	一一一	一、七五九	一○、七一	四四、九四二	一三、五四二	四九、五二九	八、七九三	四五、八一
安南	四、七八一	一、八八七	二、八八○	一、七八六	二八、一一一	三、八八二				
(一)比利時	一五、八三一	六、五四一	二二九	三、九八七	二七、四五七	四、五三三				
新加坡	八、九三五	七、五五三	一○、一六	一、二二一	九、五八八	一九、一七七				
意大利	六六六四	八、三一八	九一	五、一四四	一四、六六九	九、三三二				
加拿大	一、八六六	六五二	一八、八八	四、一八一	一三、五一七	三、四九一				
菲律濱	一、三九三	七六三	一、五四四	九、九○四	四、三二三	八、三五三				

一、與前表同

這個表告訴我們，從歐戰以來各國商品輸入中國與中國商品輸往各國的消長情形。在這裏還有兩點須得加以說明。第一，各國輸入中國的商品，如前面所說，重要的有棉織品、棉紗、棉花、米、麵粉、煤、糖、紙烟、煤油、機器、鋼鐵等。棉織品和棉紗，多從英國和日本輸入。棉花多從印度和美國輸入。米多從印度、安南、暹羅輸入。麵粉多從美國、日本和加拿大輸入。糖多從日本和爪哇輸入。紙烟大部分從英國和美國輸入。煤以從日本和安南輸入的為多。煤油底輸入，美國占最大的部分。機器多從美、英、日等國輸入。鋼鐵則以從美國輸入的為多。這是重要進口商品底來源。至於重要出口商品底去路，也得提出來說一說，生絲和蠶繭，多半輸往法國和美國。荳類和荳餅，大部分銷售於日、俄二國，荳油則輸往荷、英、俄、美等國，桐油多半輸往美、英二國。茶以輸往俄、英、美三國的為多。棉花多輸往日、美二國。花生多輸往美、法、日、意等國。芝麻多銷售於日、意、荷蘭等國。蛋及蛋產品，多銷售於英、美、德、法等國。牛皮以向日本和意、德二國輸出的為多。煤則大部分輸往日本。鐵和生鐵，幾乎全部由日本運去。這是中國重要出口商品銷路底大概情形。第二，中國底對外貿易，既然是每年入超，因之就國別貿易來看，當然亦是入超的居多。中國底對日貿易、對英貿易、對美貿易、對德貿易、對比貿易、對香港貿易，對印度貿易、對澳洲貿易、對加拿大貿易、對安南貿易、對爪哇貿易、對澳門貿易都常為入超貿易（入超額以對英、日、美三國貿易為最大），只有對俄貿易、對法貿易、對荷貿易、對朝鮮貿易、對新加坡貿易、對菲律濱貿易，常為出超貿易。對意貿易，本來是出超貿易，可是近幾年來，亦常是入超貿易了。對俄貿易，從一九三二年復交以後，亦由出超變為入超。總之，中國底對外貿易，製造品多從日、英、美、德等帝國主義國家輸入，入超額亦以這些國家為最大。所謂受帝國主義底支配，主要的就是受這些國家底支配。

此外，各國在中國進出口貿易上的地位，亦應當明白地說一說。在中國對外貿易上最重要的是日、英、美三國。這三個國家，支配了中國底對外貿易和經濟生活。因此，我們必須更進一步把這三個國家在中國對外貿易上的勢力比較一下。要比較這三個國家在中國對外貿易上的勢力，必須把印度、加拿大、新加坡、澳洲、新西蘭等英屬殖民地對華貿易額併入英國計算，把菲律濱底對華貿易額併入美國計算，把朝鮮底對華貿易額併入日本計算。香港底對華貿易額，本來亦應當分別加入於各該國，但因為無法分析，只得存而不論。現在我們且把一九三一年及一九三二年包括殖民地的美、英、日三國與中國直接往來貿易額的百分比列表如下。（民廿二年《中行報書》三十二頁）

	一九三一年		一九三二年		一九三三年
	進口的百分比	出口的百分比	進口的百分比	出口的百分比	進出
美國	二二‧一九	一三‧二二	二五‧四三	一二‧一七	二一‧八六
英國	一八‧四〇	九‧〇八	一一‧二〇	一一‧八八	一一‧三三
日本	二〇‧〇四	三〇‧六七	一四‧一一	二五‧八三	九‧七一

這種分配情形，到一九三三年又有相當改變。茲從中國銀行報告中，摘出下面一段。

"美國　年來美國對華進口貿易，以國際關係之良好及交通之便利，常能保持其優越之地位。二十二年度，進口數目大減，自四萬一千九百三十七萬五千元減至二萬九千七百四十六萬八千元；在中國進口總值中，占百分之二一・八六，比二十一年減百分之三・五七。中國仰給於美國者，為棉花、麥粉、烟葉、煤油、汽油、木材，大半均為原料品。煤油，汽油等雖有蘇俄油之競爭，仍未減少，占進口第一位，計七千五百九十餘萬元。棉花以中國棉產豐收，棉紗銷路減色，自去年之一萬五千六百餘萬元減至六千六百五十餘萬元。烟葉以中國豐收及紙烟統稅增加，烟廠趨向中國低價原料，自去年之三千六百餘萬元，減至二千六百餘萬元。美國麥粉價格，不能與澳國競爭；故美麥進口，幾將絕跡；粉自去年之三千四百萬元，減至一千一百餘萬元；木材略有增加；此外則飛機，車輛，增加較鉅。中國輸入美國之貨，以煤油為大宗，出口增加，自去年之一千四百萬元增至二千一百萬元；皮張自去年之一千四百萬元增至二千萬元；生絲自去年之一千三百五十餘萬元增至一千五百二十餘萬元；羊毛增加最鉅，去年為一百七十餘萬元，本年為一千一百餘萬元。中國對美貿易，進口為二萬九千七百四十六萬八千元；出口為一萬一千三百十四萬六千元，相差一萬八千四百三十二萬二千元。觀察中美貿易前途，鋼鐵、機件、車輛、木材等，以中國建設之需要，及美國匯兌價格之低下，必逐年增加；棉花在中國改良種生產未增加以前，細絨原料，亦尚不能不仰給於美國；故入超情形，必尚繼續；而此入超之彌補，唯有增加桐油、生絲、皮毛之出口，及設法促進其他農產物之輸出而已。

　　英國　英國進口貿易，以排斥日貨之結果，由第三而躍居第二位。本年進口，自一萬八千五百七十萬元減至一萬五千四百萬元，比上年減百分之十七。在中國進口總值中，占百分之一一・三三，與上年相差無幾。進口大宗，為五金、棉布、機器、呢絨、絨線、硫酸錏。棉布一項，一以日貨之競爭；二以中國國貨工業之進步；

三以中國稅率之增加；故自上年三千六百餘萬元減至一千九百餘萬元。五金以鐵路建築及國貨工業需要材料之增加；故自二千二百餘萬元增至二千九百餘萬元。機器及工具以本年市面衰落，各種工業，均鮮擴充，減少三百餘萬元。絨線、呢絨、略有減少，出入不鉅。硫酸銨亦見減少。中國輸入英國之貨，以蛋類，茶葉，豬鬃，駝羊毛，草帽，桐油，毛地毯等為大宗。蛋類自去年之二千四百五十餘萬元減至二千一百九十餘萬元，減百分之十一。茶葉自四百五十七萬元減至三百八十四萬元。豬鬃自二百九十六萬元減至二百五十一萬元。草帽、毛地毯略有增加。由上數觀之，可知中國輸出英國貨物之微。出口價值自去年之五千八百五十萬元，減至四千八百七十六萬元，入超之數，達一萬零五百二十七萬餘元。以中國建設之進展，及鐵路之增築，恐五金，機器及鐵路材料之仰給於英國者，必日有增加；而中國可供英國需要之貨，則寥寥無幾，此中英兩國人士所應研究之問題也。

日本　日本對華貿易，一以排斥日貨影響；以東北貿易數目剔除；故大為低降。進口為一萬三千二百萬元，占進口總值百分之九‧七一；較二十一年度減九千八百八十餘萬元，卽減百分之四二‧八。大宗進口貨，為棉織品三千三百餘萬元；糖九百二十八萬元；各種機械六百二十餘萬元；化學產品五百八十餘萬元，海產五百三十餘萬元；金屬製品五百四十餘萬元；紙五百二十餘萬元；煤四百六十餘萬元；橡皮製品五百五十餘萬元。出口品自去年之一萬六千七百四十六萬元減至九千五百八十萬元；在中國出口總值中，自百分之二一‧八〇減至百分之一五‧六五。出口大宗，首為棉花二千二百餘萬元；次則棉紗，多為在中國之日本廠家所輸出，計一千三百餘萬元；麩糠五百九十餘萬元；子仁八百十六萬元；子餅及雜糧製品四百七十九萬餘元；蔴四百十二萬元；餘為金屬礦砂，猪鬃、凍肉、皮類等，其數甚微。但日本對中國之貿易，若包含東北計算，則大見增加；是日本所失之於中國者，已收之於東北；而中國之所失者，則已不可復得矣！日本進口貨之入超，計三千六百餘萬元，目前入超，雖似不鉅；然本年度日貨以賤價傾銷，已漸見效，恐明年度之入超，將大於本年度之數。"

　　然而這種形勢，不是固定的，乃是天天在變動中的。這三個國家在對華貿易上，是無時無刻不競爭的。這一國底勢力增大，別一國底勢力便會相對地減小。因而它們相互之間便行着極猛烈的競爭，有競爭自然有衝突。而這競爭和衝突的戰場是中國，因而被犧牲的是中國民衆。無論哪一國勢力底發展，都不過是加重對於中國民衆的壓迫，都要置中國民衆於它底支配之下。現在是帝國主義的時代，而且是世界資本主義經濟發生長期恐慌的時代，爭奪市場的貿易戰爭非常劇烈。而且這種貿易戰爭底背後還醞釀着武力的戰爭。日、英、美是現在世界三個最強大的帝國主義國家，國內的經濟恐慌都已十分嚴重，剩餘的生產品堆積如山，急於要向外擴張市場，以救濟國內的經濟危機，挽回行將沒落的資本主義。中國正是消納它們商品的良好市場，所以它們都以全力爭奪中國市場。因而近來帝國主義對於中國的侵略日益加緊，越益採取兇猛野蠻的形式。這種形勢發展下去，勢非爆發為帝國主義的戰爭不止。今日日、英、美對華的貿易戰爭，不過是未來帝國主義的太平洋大戰底準備。被壓迫的中國民衆，將因帝國主義的戰爭而更陷不幸的地位。

第四節　外人在中國銀行業中的勢力

一、外國銀行底發展

前面已經說過，最初在中國境內開辦銀行的，是外國資本家，不是中國資本家。外國資本家，外國帝國主義者，為着對華貿易上的需要，為着對華侵略實行經濟的需要，紛紛在中國通商口岸設立銀行，辦理國際匯兌及各種經濟侵略事宜。自從一八四○年鴉片戰爭以來，英帝國主義首先取得在華的特殊權利，而其對華貿易又居於當時各國對華貿易底第一位，所以它最早設立銀行於中國境內。一八五七年，英商麥加利銀行首先設立分行於上海。隨後於一八六七年，匯豐銀行（先為各國資本家合辦，後歸英商獨辦）亦設分行於上海。到了一八九四年、一八九五年中日戰爭之後，英國底有利銀行，法國底東方匯理銀行，德國底德華銀行，日本底正金銀行，及俄國底華俄道勝銀行（Banque russo-asiatiqu），均先後在中國境內設立分行；義和團事變後，美國底花旗銀行（原名 Internationbanking carporation，於一九二七年歸併於 Thenattonal city bank of New York，改為該行底上海分行，一切業務照舊，華文行名不改），比利時底華比銀行（Banque Relgeporul, etranqer），荷蘭底荷蘭銀行（Netherlands tradinq society），日本底台灣銀行，亦相繼在中國成立分行；其後外國銀行在華設立者陸續增加，而以日本為最多。現在全國共有外國銀行（包括名為中外合辦而實權操於外人手裏的中外合辦銀行）六七十家，其資力之雄厚和營業成績之優良，都勝於內國銀行。自從中日戰爭以來，直到現在，中國底金融界，還是在這些外國銀行支配之下。近幾年來，在華外國銀行底勢力，雖因內國銀行底發達而相對地減少，但在絕對的意義上，還是處於優勝的地位。茲將一八五七年至一九二五年外國銀行底設立數目，列舉如下。

一八五七年	一（麥加利銀行上海分行成立）
一八六七年	一（滙豐銀行上海分行成立）
一八七五年	二（有利及東方滙理總行成立）
一八八九年	一（德華銀行總行成立）
一八九〇年	一（正金銀行總行成立）
一八九三年	一
一八九六年	一（華俄道勝銀行成立）
一八九九年	一（台灣銀行總行成立）
一九〇一年	一（花旗銀行總行成立）
一九〇二年	二（華比總行及荷蘭上海分行成立）
一九〇七年	一
一九〇八年	一
一九一二年	一（日商）
一九一三年	二（日商）
一九一八年	六（內有日商銀行三家）
一九一九年	一（荷商安達銀行上海分行成立）
一九二〇年	一〇（英商大英銀行，美商大通銀行及日商銀行成立）
一九二一年	二（日商）
一九二二年	三（內有日商銀行一家）
一九二三——一九二五年	本時期內設立者以日商為多，惜無確實統計
未詳	二四（內有日商銀行一九家）
合計	六三

本表所列六十三家外國銀行中，包含所謂中外合辦銀行十七家（這些中外合辦銀行，後來多歸失敗）。這些外國銀行，分屬於英、日、美、法、德、比、荷、意、俄、挪（挪威）十國。這裏再將這

六十三家外國銀行底國籍、行數及分行數，列表如下。

國籍	行數	分行數
英國	四	二二（滙豐有十二，麥加利有七，有利有二，及大英銀行）
日本	四二	九〇（正金有十三，朝鮮有二十一，台灣有七，及其他銀行）
美國	六	二〇（花期有八，美豐有三，大通有二，及中美合辦的中華懋業銀行）
法國	三	一一（東方滙理有七，義品有三，及中法合辦的中法實業銀行）
德國	一	七（德華銀行）
荷蘭	二	五（荷蘭有三，安達有二）
比利時	一	四（華比銀行）
意大利	一	一（華義銀行）
挪威	一	一（中挪合辦的華威銀行）
俄國	二	一八（遠東有六，道勝有一二）
合計	六三	一七九

　　看了上面兩個表，我們可以知道幾件事情：第一，只有英國在華的主要銀行，在一八九四年中日戰爭以前已經築成了堅固的基礎；其它重要各國在華的主要銀行，都是在中日戰爭以後日俄戰爭以前造成它們底基礎的。英、美、德、法、日、比諸國對華侵略的代表的金融機關，都已在日俄戰爭以前組織完備，從中日戰爭至日俄戰爭這一期間，是外國銀行對華實行經濟侵略最猛烈的期間。因為這一期間是帝國主義者爭奪路權礦權最猛烈的期間，在華外國銀行便是各帝國主義國家爭奪路權礦權的中心機關；而且這時中國只有一家內國銀行，中國銀行事業完全握在帝國主義者手裏。第二，從一九一二年以來，所設外商銀行大部分為日商銀行。這是因為近二十年來，日本在中國的經濟勢力日益增加，尤其在歐戰期間有飛躍的增加。第三，在華外國銀行，以英、日、美三國銀行底勢力為最大；這是因為三個國家底對華貿易及其在中國的一般經濟勢力為最大。

總之，在華外國銀行底發展情形，大體上是可以代表各帝國主義國家在華經濟勢力底發展情形的。就是各帝國主義國家在中國政治上的勢力，大體上亦可以拿各國在中國的銀行勢力做代表。各國在華銀行資本底利益，大體上就是各帝國主義國家底利益。各國在華銀行家底意見，實際上是成為各帝國主義國家政治家底意見。各國在華銀行，一方面代表各國金融資產階級執行經濟侵略甚至政治的政策，別方面影響各國政府對華的經濟政策甚至外交政策。所以在華外國銀行，是各國帝國主義國家侵略中國的大本營，其勢力足以支配中國底經濟和政治，各帝國主義國家在中國的經濟勢力，以銀行底勢力為最大，這些外國銀行底勢力，不僅支配中國底金融界，而且支配中國整個經濟生活及政治生活。

二、外國銀行底資本和營業

我們要明瞭在華外國銀行底勢力，首先須得知道它們底資本。外商銀行底資本，大半優於華商銀行。至於主要外商銀行底資本，更非華商銀行所能敵。而且外商銀行底總行多半設立在各帝國主義本國，有總行底雄厚資力為基礎，又有本國底資產階級和政治勢力為後援。單就資本來說，華商銀行實收資本在一千萬元以上者，只有中國、中央兩家；外商銀行實收資本超過華幣一千萬元者，則有匯豐、麥加利、大英、有利、正金、朝鮮、台灣、三井、三菱、住友、花旗、運通，東方匯理、中法工商（由中法實業銀行改組而成）、華比、荷蘭、安達等十七家。而且外商銀行，公積金皆甚豐富，遠非華商銀行所能望其項背。茲將各主要外商銀行底資本，公積金、純益及資產總額，列表如下。

國別	行名	總行所在地	單位	實收資本	公積金	純益	資產總額
英商	滙豐	香港	千港洋	二〇,〇〇〇	一二八,三五七	二〇,七二六	一,二一四,六八一
	麥加利	倫敦	千鎊	三,〇〇〇	四,〇〇〇	六三四	五四,八〇二
	大英	倫敦	千鎊	二,五九四	一八〇	一二七	一四,九七五
	有利	倫敦	千鎊	一,〇五〇	一,五〇〇	二五〇	一七,六四三
日商	正金	橫濱	千日元	一〇〇,〇〇〇	一一三,五〇〇	六,五八一(一)	一,二五三,六四九
	朝鮮	京城	千日元	二五,〇〇〇	二,九〇一	九〇二	五一二,六〇四
	台灣	台北	千日元	一三,一二五	四一四	四〇一	四三七,六九五
	三井	東京	千日元	六〇,〇〇〇	六四,七〇〇	五,八九七(一)	八二六,五三六
	三菱	東京	千日元	六二,五〇〇	四一,三六三	四,〇二九(一)	七五一,一四〇
	住友	大阪	千日元	五〇,〇〇〇	二七,〇〇〇	二,八四〇	八〇二,四九〇
美商	花旗	紐約	千美元	一一〇,〇〇〇	九〇,〇〇〇	二六,〇三七(二)	一,八四二,八八五
	運通	紐約	千美元	六,〇〇〇	二,〇五〇	一,六〇六(二)	三一,二一五
法商	東方滙理	巴黎	千佛郎	六八,四〇〇	五八,五六八	三〇,〇九二(一)	二,九九四,七九〇
	中法工商	巴黎	千佛郎	五〇,〇〇〇	二五,八二二	三八,八三〇	九八三,六一五
比商	華比	不律塞	千佛郎	一四七,〇四〇	一二〇,〇〇〇	二九,四〇〇	四,八〇九,三六九
荷商	荷蘭	亞姆斯特丹	千荷盾	八〇,〇三〇	四〇,〇一五	五,四〇一	六六三,一四〇
	安達	亞姆斯特丹	千荷盾	五五,〇〇〇	二〇,一九〇	四,六八二	二七七,三三三
德商	德華	柏林	千銀兩	四,五二五	四六〇	三一四	四〇,一六七

(一) 此係半年純益。
(二) 此係提存盈餘及未分利益。

　　觀此，大概可以知道外國銀行資金底雄厚和營業底發達了。此外，在華外國銀行，還有一部分發行鈔票，流通於中國市面。因此，更加增厚它們底資力。現在且把發行鈔票的外國銀行底最近發行額列舉如下。

滙豐	一〇八、二〇四、四九〇港元
麥加利	一、九〇九、五三四鎊
正金	三、六七三、一五六日元
華比	六、四三二、一七九佛郎
花旗	九九、三六五美元
朝鮮	九〇、九四六、二九四日元
台灣	三九、九〇七、五五二日元
東方滙理	一、二五五、〇四九、八七五佛郎
有利	二七五、二二六鎊
德華	四三、八八〇兩
美豐	七八四、七四五元

　　這些紙幣有的完全在中國境內流通（如花旗、華比、美豐、德華等銀行所發行的紙幣），有的大部分在中國境內流通（如滙豐、正金、麥加利、有利等銀行所發行的紙幣），有的一部分在中國境內流通（如朝鮮、台灣、東方滙理等銀行所發行的紙幣）。其中信用最高流通最廣的是滙豐銀行底紙幣，其主要的流通市場是上海、香港和廣州，其次是麥加利及正金銀行底紙幣，亦有很大的勢力。至於華比、花旗、美豐等銀行底鈔票，多流通於上海；台灣銀行底鈔票，則流行於福建。現在這些外國銀行底紙幣，在上海、香港及廣州等地，流行的數額決不在少數，單是滙豐一家已經是可觀的了。而且中國人對於外商銀行所發行的紙幣有一種迷信，總以為是比華商銀行所發行的紙幣可靠，甚至看得比現洋還要寶貴。這種心理，雖經

德華、道勝、中法實業、中華懋業（中美合辦）、中華匯業（中日合辦）等銀行相繼停業倒閉之後，也還沒有多大的改變。尤其在東三省和廣東，因奉票和中紙（廣東中央銀行底紙幣）底一再跌價（奉票更跌得不成話）更使人們信仰外國紙幣而樂於使用。所以在華外國銀行除了擁有雄厚的資本和公積金外，發行紙幣也是一個增厚資力的最重要的方法，為我們所不可忽視。

再就存款方面來看，外商銀行底勢力更足驚人。外國在華貿易的商人，固然存款於外商銀行，與各外商銀行往來；就是中國商人，也有不少存款於外商銀行，與外商銀行往來。華商銀行和錢莊，也有存款於外國銀行。尤其是中國底官僚軍閥，很多把他們搜括民脂民膏得來的金錢存放於外國銀行，以免因政治變動而被抄沒。此外，還有中國政府底主要稅收關鹽二稅底收入，因償付外債和賠款的關係而存放於外國銀行（主要的是匯豐銀行），每年在一萬萬元以上。因此，外國銀行底存款非常豐富，得利用此種存款以操縱中國金融界。茲將各帝國主義國家在華的代表銀行一九三〇年度底存款額，列舉如下。

滙豐銀行	九一五、三三九、一二一港元
正金銀行	六七〇、四一八、四八四日元
花旗銀行	一、三三九、六一一、八四〇美元
東方滙理銀行	六三三、〇一〇、三七四佛郎
華比銀行	三、七七〇、五一一、一六五佛郎
德華銀行	三三、六五三、四一一兩
荷蘭銀行	四三五、八六八、三九〇荷盾

固然，以上七家外國銀行，除匯豐和德華外，其存款並非完全是在華分行底存款，但有一很大的部分是在華分行底存款，我想是

無疑的。單就匯豐底情形來看，亦就很可以明瞭。匯豐銀行是英國帝國主義對華實行經濟侵略的中心機關，專以侵略中國為任務，其基礎最穩固，為英國在華一切經濟侵略機關底領袖。在華外國銀行底勢力，以英國為第一，而匯豐是英國銀行底領袖，同時亦是一切在華外國銀行底領袖。所以匯豐銀行底營業狀況，大體可以代表各國在華銀行底營業狀況。存款底情形如此，其它各種情形大體亦是如此。茲為明瞭最近十餘年來在華外國銀行營業底發展狀況起見，特舉匯豐為例，說明如下（單位港洋）。

年次	實收資本	公積金	存款額	鈔票發行額	純益	資產總額
一九一七	一五、〇〇〇、〇〇〇	三三、五〇〇、〇〇〇	三一四、〇二七、五八三	二四、九二〇、九〇七	六、六五三、六〇一	四一八、九四〇、四一五
一九一九	一五、〇〇〇、〇〇〇	二七、一五三、八四六	三三七、二一九、二三八	三〇、五一六、九〇五	七、三三六、八六二	四二五、七七〇、〇六一
一九二二	二〇、〇〇〇、〇〇〇	六二、八七三、八三二	五〇二、三三二、〇六九	四一、八八三、六五五	一二、九三二、九〇四	六五三、七九〇、九一八
一九二七	二〇、〇〇〇、〇〇〇	七一、五七六、九二三	五五七、六八七、〇九〇	五二、六四〇、九八四	一四、二三九、二八八	七二七、四九一、一五〇
一九二八	二〇、〇〇〇、〇〇〇	七三、三八一、四四三	五四七、九九九、六六五	四八、三六八、五四一	一三、四三〇、〇六一	七一〇、八一〇、四七三
一九二九	二〇、〇〇〇、〇〇〇	八九、〇〇〇、〇〇〇	六五四、七六六、二一七	六四、八五四、七五〇	一四、四八二、〇九	八五二、八三九、四二七
一九三〇	二〇、〇〇〇、〇〇〇	一二八、三五七、一四二	九一五、三三九、一三一	一〇八、二〇四、四九〇	二〇、七二六、七三〇	一、二一四、六八一、九一六

　　從一九一七年至一九三〇年，不過十四年間，公積金約增加三

倍，存款約增加二倍，鈔票發行額增加三倍以上，純益增加二倍以上，資產總額約增加二倍，而資本只增加五百萬元（港洋）。就一九三〇年底情形來說，匯豐一家底公積金已經比二十六家主要華商銀行底公積金多二倍半以上，其資本和公積金底總數差不多與二十六家主要華商銀行底資本和公積金底總數額相等，其純益且多於二十六家主要華商銀行底總純益，其存款和資產總額也比中國最大的華商銀行中國銀行多一倍光景。匯豐銀行實收資本不過二千萬元（港洋），其公積金竟超過實收資本五倍以上，每年純益常在實收資本百分之六十以上，甚至與實收資本相等。難怪匯豐銀行底股票，市價常為面額底十倍甚至超過十倍了。像這樣的營業狀況，不但華商銀行不能夢想，就是其它外商銀行也是趕不上的。所以匯豐銀行執中國金融界底牛耳，華商銀行多存款於該行，彷彿成為中國底中央銀行。

看了匯豐銀行底營業發展狀況，大體亦就可以明瞭其它外商銀行底營業發展狀況。其它外商銀行底營業狀況，雖不及匯豐之發達，但就一般的情形說來，也都是很好的。總之，外商銀行在中國金融界的勢力，是超過華商銀行的，近年來華商銀行底發達雖然很快，但要戰勝外商銀行，在最近期間恐怕是不可能的。不，在新的社會變革沒有起來以前，華商銀行是永遠不能戰勝外商銀行的。

此外，外商銀行在營業上還有一種特殊的勢力，就是操縱國外匯兌。中國底國外匯兌，大部分操在外商銀行底手裏；其中以英國底匯豐、日本底正金、美國底花旗三銀行為外匯底領袖（因為英日美三國底對華貿易為最盛），尤以匯豐底勢力為最大。原來外國銀行在華設立的一個重要目的，是扶助各該國商人底對華貿易，因而各國商人常與各該國銀行往來；而且中國底進出口貿易幾乎全部操在洋行手裏，各種國際貿易補助機關如電信機關、保險公司、輪船公司等也都握在外國商人手裏；所以國外匯兌，不能不歸外商銀行所掌握。外商銀行每年因外匯而得的利益，亦不在少數。

三、外國銀行底對華投資

在華外國銀行，除了上述的任務和作用之外，還有一個更大的任務，就是對華投資（間接投資，即借款）。這種投資，不僅是經濟的性質，而且是政治的性質。外國銀行對華投資，不但可以取得巨大的回扣（百分之五至百分之十九）和手續費（千分之二・五），獲得高率的利息（竟有高至一分五厘者），分得巨額的紅利（如鐵路借款），而且可以因此監督管理中國底財政，甚至支配中國底政治。中國政府所借的外債，多半由這些外國銀行供給或承募。這些借款，在形式上可以分作兩部分，一部分是經濟的借款（如鐵路借款、電信借款等），一部分是政治的借款。這兩種借款，大部分有確實可靠的担保品，如經濟的借款以鐵路、電信等財產及其收入為担保品，政治的借款以關稅鹽稅及厘金等捐稅為担保品。因之外國銀行借款給中國政府，同時便取得這些担保品底監督或管理權。至於鐵路借款，還可以因此擴張外國商品底銷路，劃定外國底勢力範圍，以及取得鐵路沿線底開礦權等。所以從實質上看來，中國政府底借款，都含有政治的性質。因此，在華外國銀行，不僅是一個經濟侵略的機關（更不僅是一個調劑貿易經營匯兌的機關），同時又是一個政治侵略的機關。各國政府底對華外交政策，往往根據各該國在華銀行家底意見來決定。在華外國銀行，亦往往代表各該國政府執行其侵略中國的政策，並與各該國在華的其它侵略機關相聯絡。所以外國銀行底對華投資，是各帝國主義國家整個對華侵略政策底表現，決不是某投資銀行單獨的行動。

在華外國銀行猛烈進行侵略中國的政策，是在中日戰爭之後。在中日戰爭以前，各帝國主義國家在中國境內設立銀行的，還只有英國底麥加利和匯豐兩家。那時從事對華投資的，除東亞銀行和怡和公司（均屬英國）外，還只有匯豐銀行一家，而且大部分是匯豐銀行底投資。從一八七五年至一八八六年匯豐前後共借款給中國政府九次，利息多半是八厘至少是六厘，至多是一分五厘。這些借款，完全用於政治的目的，亦卽所謂政治的借款。其中最重要的是一八七七年底五百萬兩借款，年息高至一分五厘，且指定廣州、上海、漢口底海關稅為担保。這是中國政府以關稅為借款担保的開始。不過這個時期，在華外國銀行既然不多，對華投資的數額亦還不大，所以對於中國底社會經濟還沒有發生很大的影響。

但是到了中日戰爭之後，情形便大不相同了。一則因為中日一戰把中國底弱點盡行暴露，大家都知道中國再無抵抗列強侵略的能力；二則因為各資本主義國家已經發展到帝國主義的階級，金融資本已經取得統治的地位，輸出資本已經是十分必要，非急激向外發展不可。有這兩個原因，所以各帝國主義國家爭向中國投資，欲置中國於其支配之下。爭奪建築鐵路和開採礦山的權利，尤為他們底主要目標。因為建築鐵路和開採礦山，都能消納大量的資本，都能將其過剩的資本移送於中國，且能由此獲得巨額的利潤，設定自己底勢力範圍。執行此種政策的最重要的工具，便是銀行。所以中日戰爭以後，各帝國主義國家，紛紛在中國設立銀行，以作為投資中國及侵略中國的工具。代表各國政府的外國銀行，多半於這時成立（代表英國政府的銀行早已成立了）。這些外國銀行，用盡一切縱橫捭闔的手段以爭奪鐵路和礦山投資。自己不便出面或力量有所不及的，則暗中組織別種公司或與別家公司聯合組織投資機關。所以有些投資機關，表面上雖然是獨立，實際上亦是受這些銀行支配的。例如中央公司，便是由匯豐銀行和怡和公司共同組成，受匯豐銀行底指揮。

從中日戰爭以後到辛亥革命時止，為外國銀行及其有關係的機關競爭對華投資最猛烈的時期，其中以匯豐銀行底投資為最多。這一時期底投資，一部分是鐵路借款，另一部分是政治借款。中國底鐵路，大半在這個時期築成；而強迫築成這些鐵路的大半是外國銀行底力量。外國銀行為執行帝國主義的政策，強迫中國建築鐵路，使中國底社會經濟發生很大的變化，從此強迫中國走入資本主義的道路。這是列強金融資本對於落後國家的進步的作用。但是其反動作用亦就隨之而來。從此，中國國家底地位便更加殖民地化，中國民眾底生活便更加奴隸化了。

到了辛亥革命以後，外國銀行底對華投資，又變了一個性質，大半是政治的借款；有些雖然名義上叫作實業借款，實際上亦是移作政費軍費之用的。最著名的是一九一三年五國銀行團（由匯豐、正金、德華、東方匯理、華俄道勝等銀行組成）借給袁世凱政府的二千五百萬鎊的善後大借款及日本銀行團借給北京政府的各種借款。在這期間，以日本銀行（正金、朝鮮、台灣、日本興業等銀行）底對華投資為最多，因而日本帝國主義在華的經濟及政治勢力也就增加得最快。自從歐戰以來，日本帝國主義在華勢力底發展與其對華投資底增加是成正比例的。

這樣說來，可知外國銀行對華投資，與各國在華勢力底增加有密切的關係。各帝國主義國家，沒有這種侵略性的投資，決不會有現在這樣的勢力。自從一八七五年匯豐銀行借款給中國政府以來，直到現在為止，外國銀行借給中國政府的款項，總在二十億元以上，其中以英日二國銀行底借款為最多（尤其以匯豐銀行為領袖），德、法、比、俄等國次之。英、日二國在中國的勢力大於其它各國，這是一個重要的原因，而且是一個根本的原因。中國國家底殖民地化和中國民衆底奴隸化，這亦是一個極重要的原因。

第五節　外人在中國交通業中的勢力

我們且來看一看列強在中國的鐵路投資底內容。就列強在中國的鐵路投資看來，中國底鐵路可以分為兩種：一種是直接投資的鐵路，即列強自行建築的鐵路；一種是間接投資的鐵路，即向列強借款來築成的鐵路。中國底國有鐵路中，不向外國借款單靠中國資本築成的，原只有平綏鐵路；但後來為延長路線起見，也不能不仰給外資了（計前後兩次共借日金六百萬元）。我們可以說：中國境內的鐵路，除了滿清末年幾條商辦的小鐵路及最近東三省用本國資本築成的幾條鐵路以外，全是與外國資本有關係的。

列強直接投資的鐵路，歸該投資國政府所有，而由該國政府指定的公司經營。這從中國方面看來，是許給投資國在一定期間內有建築、經營收入、管理諸權。因而這種鐵路，實質上是外國所有的鐵路；中國政府對於其政治、經濟及運輸，完全沒有容喙的權利。在這一點，可以看作外國領土或租借地底延長。至於此種鐵路底管理期限，在契約上大概規定在一定期間內歸外人所有，決不是永久繼續其所有權的。經過一定的期間，中國有給價收回的權利；再經過一定的期間，中國可以無償收回。例如中東鐵路，規定從開車日起，三十六年後，中國可以備價贖回；八十年後，無償歸還中國。

其它直接投資的鐵路，關於管理期間的規定，也與此差不多。茲將
列強直接投資的鐵路列表如下。

名稱	所屬國	哩數	資本	獲得年月	投資機關	備考
中東	俄	一、五四四	六六、二三九、八〇〇鎊	一八九六	中東鐵路公司	日俄戰爭後割四三六哩給日本
膠濟	德	二七七	二、七〇〇、〇〇〇鎊	一八九八	膠濟鐵路公司	一九二二年收回
滇越	法	二八八	六、二八〇、〇〇〇鎊	一八九五	滇越鐵路公司	—
九龍	英	二二	不明	一八九八		九龍租借地內
南滿	日	五二二	四四〇、〇〇〇、〇〇〇日元	—	南滿鐵路公司	由俄國割讓
安奉	日	一六二	包含在南滿路中	—	—	由日本擅築

　　在以上諸鐵路中，膠濟鐵路於歐戰時被日本以暴力奪去，於一
九二二年決定由中國以日金四千萬元從日本手裏贖回，於次年一月
一日正式接收，改為中國國營鐵路。中東鐵路於俄國革命後一時被
俄國白黨所占據，由東三省當局與俄國白黨共同經營。直到一九二
四年五月中俄簽訂解決懸案大綱協定及暫行管理中東路協定，乃成
為真正中外合辦的鐵路，由蘇俄及中國各派理事五人，組織理事會
管理一切。同時蘇俄拋棄舊俄時代所獲得的一切政治特權，將中東
路變成一種純粹經濟的機關。從此，中東路侵略的性質也就消滅了。
滇越鐵路位在雲南的邊境，而且是狹軌道，在中國政治經濟上尚未
成為重大的問題。九龍鐵路只有很短的距離，而且在英國租借地內，
自然更不能因此成為重大的問題。獨有南滿鐵路和安奉鐵路，現在
對於中國還日益增加其重大的意義。南滿鐵路原為中東路底支線，
係日俄戰爭後俄國將它割讓給日本的，從長春起至旅大止，計長四

百三十六哩。安奉鐵路原為日本於日俄戰爭時所擅築，其後改築亦未經中國政府同意，從瀋陽起至安東止，與朝鮮鐵路接軌。安奉路亦屬於南滿鐵路公司，可說是南滿路底支線。一九一五年五月日本強迫袁世凱政府承認二十一條的要求，將南滿安奉二線管理期限均展為九十九年，並取銷南滿路無償歸還的條件。這是日本帝國主義侵略中國尤其是侵略東三省的大本營。一方面從東三省底門戶旅順大連（這是中國租借給舊俄的軍港，日俄戰爭後由俄國轉讓給日本）直達東三省底心腹瀋陽和長春，別方面又經過安奉路而與朝鮮打成一片。而且南滿鐵路公司所經營的事業，非常廣大，舉凡海運、港灣、礦業、工廠、堆棧、醫院、學校、圖書館及公園、馬路等，莫不在它底經營範圍之內，尤其注重礦業底經營。其規模之宏大，組織之複雜，在東亞要算第一。其營業利益之優厚，亦至足驚人。卽拿一九二九年來看，單是鐵路營業收入，便已達日金一億二千二百十萬三千七百四十三萬元，贏利達七千四百八十九萬二百三十五元（日金），竟比中國全部國有鐵路底營業收入和贏利還要大（中國全部國有鐵路在一九二四年的營業收入是一億二千五百五十五萬九百二十二元，贏利是五千四百十四萬四千三百四十八元，這是營業收入最大的一年——盈利以一九二三年為最大——，在以後幾年，不但沒有增加，倒反因戰爭而大大減少了）。從一九〇七年至一九二九年，南滿公司底利益增加到二十倍以上。難怪南滿公司底股票，在日本是利市十倍了。此外，日本帝國主義在南滿鐵路附屬區域還有駐屯軍隊的權利，經常地駐在鐵路附屬區域，以便隨時佔據東三省各重要地點。至於鐵路附屬區域底行政權和司法權，那是當然握在日本帝國主義手裏的。這樣看來，南滿鐵路之為日本帝國主義侵略中國的大本營，其危害中國之重大性，是再明顯也沒有了。

　　上面已經說明了列强直接投資的鐵路，現在再來說明列强間接投資的鐵路。中國既成鐵路底大部分，都是借外國資本築成的；就是豫定的路線，也有許多已與外國訂約求助於外資，其中也有已經拿到墊款而隨便消費了的。其契約條件雖有種種不同，但可綜合為下列七項：

　　第一、一定年限內鐵路事業底管理；

　　第二、鐵路建築工程底承辦；

　　第三、總工程師及會計主任底任用；

　　第四、鐵路建築上所必要的材料供給底優先權；

　　第五、借款底手續費、回扣、利息及紅利底享受；

　　第六、以鐵路全部財產及收入為借款担保品，於一定期間後中國無力償還時，債權者便得扣押；

　　第七、借款償還期限。

　　各鐵路底契約，通常包含以上七項中底某幾項。償還期限，以從二十五年至五十年為最普通；借款償還底保證，多半以鐵路全部財產及收入為担保，或更以國家收入（如關稅鹽稅釐金）底一部分為担保。又從鐵路管理權方面來說，在津浦鐵路借款成立（一九〇八年）以前，凡關於建築及一切營業管理權，都握在外人總工程師手裏；直到津浦鐵路借款成立以後，才由中國政府握其管理權，卽總工程師也須聽中國政府所任命的督辦底指揮。外債底實收數，普通在票面所定數底九五至九〇之間，甚至只有八五者（票面一百元實收八十五元）。利息大半是五釐，此外還有應給投資機關以千分之二·五手續費（每千元得手續費二元五角）的規定。鐵路材料底供給，有的在契約上規定，有的並沒有規定。但各國爭奪鐵路利權的一個主要目的，是在於銷售鐵路材料；所以在大體上，鐵路材料底供給權是握在締約國商人手裏的。又有些契約，規定在借款未償還期間，對於債權者負有一定的報酬義務，須從每年鐵路收入底純利中，於借款利息外，提出若干為報酬。不過從津浦鐵路借款以後，這也有所改變，而成為一次給予若干報酬費了。就大體說，中國與列強底鐵路契約，越締結得早的，給與列強的權利越多（以北甯路借款契約為最早，喪失權利也最多）；新近締結的，給予列強的權利較少。例如與日本締結的洮昂、吉敦二路契約，不過是承辦工程的形式。茲將歷年重要鐵路借款列表如下。

名稱	年次	債務額	担保品	債權者
北甯	一八九八	二、三〇〇、〇〇〇鎊	本路財產及收入	英國中英公司
正太	一九〇二	四〇、〇〇〇、〇〇〇佛郎	同上	華俄道勝銀行
京滬	一九〇三	二、九〇〇、〇〇〇鎊	同上	中英公司
道清	一九〇五	八〇〇、〇〇〇鎊	同上	英國福公司
汴洛	一九〇七	四一、〇〇〇、〇〇〇佛郎	同上	比利時電車鐵路公司
廣九	一九〇七	一、五〇〇、〇〇〇鎊	同上	中英公司
津浦	一九〇八	五、〇〇〇、〇〇〇鎊	本路收入及一部公厘金	英國華中公司德國德華銀行
平漢	一九〇八	五、五〇〇、〇〇〇鎊	鹽斤加價及雜稅	英國滙豐銀行法國滙理銀行
滬杭甬	一九〇八	一、〇〇〇、〇〇〇鎊	北甯路餘利	中英公司
津浦續	一九一〇	五、〇〇〇、〇〇〇鎊	厘金	華中公司德華銀行

名稱	年次	債務額	担保品	債權者
粤漢川	一九一一	六、〇〇〇、〇〇〇鎊	厘金鹽稅等	英、美、德、法、四國銀行
南潯	一九一二	五、五〇〇、〇〇〇日元	本路財產及收入	東亞興業公司
隴海	一九一二	四、〇〇〇、〇〇〇鎊	同上	比利時電車鐵路公司
四鄭	一九一五	五、〇〇〇、〇〇〇日元	同上	橫濱正金銀行
吉長	一九一七	六、五〇〇、〇〇〇日元	同上	南滿鐵路公司
平綏	一九一八	三、〇〇〇、〇〇〇日元	本路公債	東亞興業公司
隴海續	一九二〇	一三七、七四三、〇〇〇佛郎　三〇、七五〇、〇〇〇荷盾	本路財產及收入等	比利時電車鐵路公司及荷蘭銀公司
四洮	一九二〇	三一、〇〇〇、〇〇〇日元	本路財產及收入	南滿鐵路公司
平綏續	一九二一	三、〇〇〇、〇〇〇日元	綏包公債	東亞興業公司
北寗改造	一九二一	五〇〇、〇〇〇鎊　二、〇〇〇、〇〇〇元	本路餘利	中英公司
膠濟（國庫券）	一九二二	四〇、〇〇〇、〇〇〇日元	本路財產及收入	日本政府
同成（未築）	一九一三	七七〇、〇〇〇鎊　五、七九八、五一八佛郎	同上	比法兩國鐵路公司
浦信（同）	一九一三	二〇七、四五八鎊	本路財產	華中公司
沙興（同）	一九一四	五〇、〇〇〇鎊	本路財產及政府保證	英國寶林公司

名稱	年次	債務額	担保品	債權者
甯湘（同）	一九一四	庫平銀一一、〇〇〇、〇〇〇兩規銀四八六、〇〇〇兩	北甯路餘利	華中公司
欽渝（同）	一九一四	三一、一一五、五〇〇佛郎	本路財產及其它	中法實業銀行
濱黑（同）	一九一六	規銀五〇〇、〇〇〇兩	本路財產	華俄道勝銀行
株欽（同）	一九一六	一、一五〇、〇〇〇美金		英國裕中公司
吉會（同）	一九一八	一〇、〇〇〇、〇〇〇日元	本路財產及收入	日本銀行團
高徐順濟（同）	一九一八	二〇、〇〇〇、〇〇〇日元	同上	同上
滿蒙四線（同）	一九一八	二〇、〇〇〇、〇〇〇日元	本路財產及收入	同上
包甯（同）	一九二二	一、八〇〇、〇〇〇元	本路財產及平漢路餘利	比國營業公司

　　這是歷年鐵路借款底大概情形。但這還沒有包括全部鐵路借款，因為一則有些短期借款和材料借款沒有列入，二則最近幾年的鐵路借款如洮昂、吉敦等路借款也沒有列入。不過重要的鐵路借款（除最近東三省底鐵路借款），都已經列在上面的表中了。我們看了上面的表，也就大體可以知道中國有幾多鐵路借款，哪些鐵路是借款築成的，哪些擬築的鐵路是準備借款建築的，從事鐵路投資的是哪些國家等等問題。截至一九二三年一月止，中國國有鐵路所借長短期外債共達六千一百零八萬一千三百三十七鎊十二先令六便士，已償還額有一千五十九萬三百六十一鎊九先令三便士，未償還額有五千四十九萬九百七十鎊三先令三便士；民有鐵路（以南潯鐵路為主，

但南潯路已於一九二九年收為國營）所借長短期外債共達一百十五萬二千四百十三鎊，已償還額有三千四百八十一鎊，未償還額有鐵路外債未償還額約計十億九百八十一萬九千五百二十三元，民有鐵路外債未償還額約計二千二百九十七萬八千六百四十元，兩項合計約達十億三千二百七十九萬八千一百六十三元。固然，這里所說的未償還鐵路外債額，以一九二三年當時底換算率來計算，還不過華幣五億元左右，而且在一九二三年以後，有一部分已經償還了。但是一九二三年後所償還的鐵路外債只是一小部分，而最近幾年來的金價漲高（其實是銀價跌落）甚快，比一九二三年已漲高一倍以上，在這銀本位的中國無異外債增加一倍以上，加以一九二三年後還有新舉的鐵路借款，所以最近中國底鐵路外債未償還額，可以說比一九二三年增加了。中國底鐵路借款，外債如此之多，而內債却不過七千三百九十八萬八千七百八十元。由此，也可以知道外資與中國鐵路關係之密切了。

列強帝國主義者強迫中國建築鐵路以後，便以鐵路做他們侵略中國的根據地（此外還有租界和租借地），劃定鐵路所通過的區域為自己底勢力範圍，着着施行其侵略政策，在鐵路沿線採掘礦山，設立工廠，擴張外貨底銷路，搜求必要的原料，變更中國內地底經濟關係和生活狀況，促成中國新都市底成立和農村經濟底商業化。最顯著的是貿易額底增加與礦山底採掘。例如一九〇一年以後，對於貿易額底迅速增加，主要是受鐵路建築底影響。至於在鐵路沿線採掘了許多礦山，那更是顯明的事實。例如北甯路沿線之開灤煤礦，平漢路沿線之六河溝煤礦和臨城煤礦，津浦路沿線之嶧縣煤礦，道清路沿線之焦作煤礦，正太路沿線之井陘煤礦，平綏路沿線之門頭溝煤礦，萍株路沿線之萍鄉煤礦，膠濟路沿線之坊子煤礦、洛川煤

礦，南滿路沿線之撫順煤礦都是。總之，帝國主義為了自己底需要，
強迫中國建築許多鐵路，使中國整個經濟結構發生變化，一方面完
全隸屬於整個世界資本主義經濟，同時內部也就逐漸資本主義化。
這是帝國主義對於中國經濟發展所盡的反動的及進步的作用。

　　鐵路促成中國經濟底資本主義化，輪船亦有同樣的作用。中國
鐵路底發展，主要是由於列強帝國主義侵入中國內地的必要；同樣，
中國輪船業底發展，也由於列強帝國主義銷售商品採集原料的必要。
中國底舊式航業（帆船），受了帝國主義新式航業（輪船）底打擊，
漸漸退處於不甚重要的地位。一國經濟底盛衰，與航業底隆替有密
切的關係。在國際貿易上，航業占極重要的地位。任何國家，要謀
國際貿易底發展，必須發展本國底航業。所以現代各資本主義國家，
都有保護本國航業的政策。卽在國內貿易及國民經濟底發展上，航
業也處於極重要的地位。如像中國這樣鐵路不甚發達的國家，航業
在對內外貿易及國民經濟底發展上，尤其有重大的作用。列強帝國
主義者看明了這種事實，所以羣起在中國發展其航業，以作侵略中
國的根據。直到如今，中國底航業，大部分都還握在帝國主義者手
裏而莫可如何。

　　第一隻出現於中國海面的輪船，是一八三五年英國船"嘉艇號"
（Thejar dine）。當一八四〇年鴉片戰爭時，據說航行中國沿海的英國
船已有二十艘，其中以"內美西司號"（The nemesis）為最有名。到
了《南京條約》成立（一八四二年）開闢五口通商之後，於一八四
四年，便有美國船"密達斯號"（Midas）定期航行於香港廣州之間。
一八四五年，又有英國彼阿輪船公司（Peninsular and Oriental Steam
Navigation Company），開始從倫敦經意大利而至中國航行。在這以
前，於一八四二年英軍占領上海時，卽有英輪"墨豆沙號"

（Medusa）開入上海。從此，外國輪船航行於中國通商口岸者，日漸增加。彼阿輪船公司，則於一八五〇年間開始上海香港間底航行。其後，美法兩國，亦先後有輪船來上海。至一八六五年，英人設立香港廣州澳門輪船公司（Hong-Kong, Canton and Maccao Steamboat Company），為外人在中國設立輪船公司的開端。其次，英人於一八六七年設立中國航業公司（China Navigation Company），資本一百萬鎊；於一八七七年設立印度中國航業公司（Indo China Steam Navigation Company），資本一百二十萬鎊。前者歸太古洋行經理，後者歸怡和洋行經理，故一般中國人稱前者為太古公司，後者為怡和公司。

編後記

　　錢亦石（1889~1938），湖北咸寧人，教育家、理論家、社會活動家。博學多通，覃精國故，曾留學日本，精心研讀《資本論》。留學蘇聯期間，翻譯恩格斯名著《德國農民戰爭》一書。回國後被上海政法學院和暨南大學聘為教授，主講《中國外交史》《現代教育原理》《近代世界政治史》《近代中國經濟史》等課程。他運用馬列主義基本原理聯繫中國實際，新創了這些課程的體系。錢亦石編著的講義以及專著，先後由進步書店出版發行。此外，他還在《世界知識》等刊物上發表了近百篇論文，後來編成《緊急時期的世界與中國》《戰神翼下的歐洲問題》《白浪滔天的太平洋問題》等書。在這些論文中，錢亦石用馬克思主義的"社會科學解剖刀"，精闢地分析國際形勢的發展，揭露了德、意、日法西斯的侵略陰謀。他還應教育家陶行知的邀請，常到山海工學團，講授教育與實際結合和為人民大眾服務的專題，從而推動鄉村平民教育運動。他為了給廣大青少年介紹良師益友，編寫了《世界發明家列傳》《世界思想家列傳》，啟發他們以馬克思、恩格斯等人的言行，作為"自己做人的指南"。在華北危機日深的時刻，為了激發青年的愛國熱情，積極投入抗日救亡運動，他寫了《中國怎樣降到半殖民地》一書，內容深刻，形式生動活潑，深受愛國者的歡迎，被稱譽為"最優秀的教育家"。盧溝橋事變後，錢亦石全力以赴投入抗日救亡運動。他以"國難教育社"理事身份，常和夏衍等一起向廣大民眾作關於抗日民族統一戰線的報告。八一三淞滬抗戰爆發後，根據周恩來的指示，錢亦石率領三十多位作家、藝術家奔赴抗日第一線，動員滬杭線地區人民，實行軍民聯合抗戰。因忘我工作，積勞成疾，於 1938 年 1 月底在上海不幸病逝。

本書根據錢亦石教授《近代中國經濟史》課程講義所編，主要分為五個方面：第一，對中國經濟發展進行鳥瞰；第二，帝國主義與中國經濟的影響；第三，從近代企業萌芽與勃興兩個時期對中國近代企業的發展過程進行了論述；第四，分別從輕工業、重工業、農業、對外貿易、銀行、交通幾個方面對中國國民經濟的概況進行論述；第五，帝國主義在中國的經濟勢力的分佈及影響。將帝國主義如何侵略我國，分析得深刻透徹，內容貫通，讀來暢快，本書作為研究近代中國經濟史的奠基性著作，對中國史學具有重要意義。

此次出版的《近代中國經濟史》，依據 1939 年生活書店所發行的底本進行整理，以真實保留原書內容為宗旨，對原書的文字基本不作改變，在整理的過程中，在版式上將原來的豎排變為橫排，以便於今人閱讀；對底本中需要補充或明顯錯訛需要糾正的地方，以"編者註"的方式進行說明。底本標點與今天的模範有些差異，依據現代漢語標點規則修改。限於整理者的水准，書稿不免有遺漏與不妥之處，誠望讀者予以批評指正。

鄧瑩

2015 年 8 月

《民國文存》第一輯書目